Heike Schmidt-Röger

Dackel

AUGUSTUS

Inhalt

Den Dackel kennen lernen

Lebenslustig, mutig und charmant sind die Vierbeiner, die sich mit ihrem unwiderstehlichen Dackelblick in die Herzen Tausender Hundefreunde geschlichen haben. Egal, ob man ihn Dackel, Teckel oder Dachshund nennt, in jedem der kleinen Hunde steckt eine große Persönlichkeit, die genau weiß, was sie will.

Die Geschichte des Dackels

Kaum zu glauben, aber auch der Dackel stammt vom Wolf ab, genau wie der große Irische Wolfshund und der kleine Chihuahua. Der Mensch hat Hunde für die verschiedensten Zwecke und Tätigkeiten gezüchtet, zum Beispiel als Wach-, Begleit- oder Hütehunde. Die Aufgabe des Teckels ist und war die Jagd. Ursprünglich gezüchtet, um in Dachs- und Fuchsbauten zu gehen und die wehrhaften Tiere dort hinauszutreiben, benötigte der Dachshund drei Voraussetzungen: kurze Beine, einen schlanken Körper und eine gehörige Portion Mut.

Die kurzen Beine sind Folge einer Mutation, die das Knochenwachstum

Das Markenzeichen des Dackels ist sein herzzerreißender Blick.

Auch heute noch sorgen Dachshunde für Ordnung im Revier.

„Wusstest du, dass auch die Dackel vom Wolf abstammen?"

der Beine, besonders der langen Röhrenknochen, behindert. Kurzläufige Hunde sind bereits in alten ägyptischen Grabkammern abgebildet, doch die direkten Vorfahren der Dackel sind die Bracken und die davon abstammenden Tachs-Schlieffer. Vermutlich durch die Einkreuzung von Spaniels, Dandie Dinmont Terriern, Wachtel- und Schweißhunden sowie gezielte Selektion entstand der Teckel in seinen Arten, wie wir ihn heute kennen. Der Rassestandard für die Dackel wurde 1879 erstellt und ist seitdem nur geringfügig geändert worden.

Der Dachshund ist für viele Jäger ein unentbehrlicher Gehilfe geworden, sei es bei der Baujagd, der Suche von angeschossenem Wild oder bei der Stöberarbeit. Doch weitaus häufiger als in Jägerhand ist der Teckel inzwischen als liebenswerter Familien- und Begleithund anzutreffen. 1998 wurden mehr als 10.000 Dackel unter der Aufsicht des Verbandes für das Deutsche Hundewesen (VDH, siehe Seite 20) gezüchtet. Seine

Rot und schwarzrot sind die häufigsten Farben beim Kurzhaardackel.

Der Langhaardackel „Dusty von der
Taunushöhe" hat rotes Fell mit
schwarzem Deckhaar.

Popularität verdankt er auch seinen vielen Variationen.
Egal ob groß oder klein, lang-, rau- oder kurzhaarig, für die
Jagd oder als Schmusehund – hier findet jeder den passen-
den Gefährten.

Die Haararten

Die Farbpalette ist groß. Es gibt rote, schwarzrote, dürr-
laubfarbene (gelbe), schokofarbene (braune mit brauner
Nase) oder saufarbene (Färbung wie beim Wildschwein)
Dackel. Die Tigerteckel mit ihren weißen Flecken tragen
den Merlefaktor, der Augen- und Ohrenerkrankungen zur
Folge haben kann. Aus diesem Grund sollten niemals zwei
Tigerteckel verpaart werden.

Kurzhaardackel

Die Urform des Dackels ist der Kurzhaar, entstanden durch
die Einkreuzung von Schweißhunden. Sein Haar soll kurz
und dicht sein, schön glänzen und am ganzen Körper glatt
anliegen. Unbehaarte Stellen sind unerwünscht. Waren sie
1898 noch zehnmal häufiger anzutreffen als Rau- und
Langhaarteckel zusammen, ist ihr Anblick in den letzten
Jahren recht selten geworden. Die grazilen Dachshunde
waren aus der Mode gekommen. Glücklicherweise steigt

die Nachfrage wieder an und es ist zu hoffen, dass der klassische Dackel bald wieder öfter auf unseren Straßen zu sehen ist.

Langhaardackel

Die auffälligsten Teckel sind ohne Zweifel die langhaarigen. Seidenweiches Haar, an Ohren, Schwanz, Hals, Brust, Bauch und den Beinen etwas länger, ziert die eleganten Vierbeiner. Sie sind eine Züchtung aus Tachs-Schlieffern, Wachtelhunden und vermutlich Spaniels. Häufigste Farben sind rot, rot mit Deckhaar, seltener gibt es schwarzrote Langhaardackel. Im Temperament stehen sie den anderen Dachshunden in nichts nach.

Rauhaardackel

Der Rauhaardackel hat die meisten Rassen in seinem Stammbaum. Durch Einkreuzung von Schnauzern, Dandie-Dinmont-Terriern und vermutlich auch Skye-Terriern, Yorkshire-Terriern und Pinschern in die Kurzhaarteckel versuchte man einen Dackel mit noch mehr Schärfe und einem robusten Fell zu züchten. Dieses Fell, auch „Jacke" genannt, soll dicht, drahtig und rau sein. Nicht erwünscht ist gelocktes, weiches oder zu langes Haar, ein Erbe des Dandie-Dinmont-Terriers. Saufarben, dunkelsaufarben und schwarzrot sind die häufigsten Fellfarben. Besonderes Markenzeichen des Rauhaardackels ist der Bart.

Groß und Klein

Teckel gibt es in drei verschiedenen Größen, und auch hier stand wieder die jagdliche Verwendung im Vordergrund.

Besonders apart sehen die seltenen schokofarbenen Rauhaarteckel aus.

Die drei Dackelgrößen werden nach dem Umfang des Brustkorbes unterschieden.

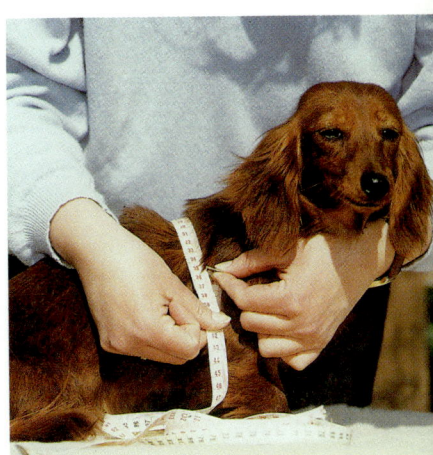

Normalteckel	Brustumfang über 35 cm und ein Gewicht bis zu neun Kilogramm.
Zwergteckel	Brustumfang über 30 bis zu 35 cm, Gewicht ca. drei bis vier Kilogramm.
Kaninchenteckel	Brustumfang bis zu 30 cm, Gewicht bis ca. drei Kilogramm.

Dackelkunde

1 Lefzen	8 Rücken	15 Federn
2 Fang	9 Kruppe	16 Vorderhand
3 Nase	10 Rutenansatz	17 Vorderbrust
4 Stirnabsatz	11 Rute	18 Schulter
5 Behang	12 Fahne	19 Hals
6 Nacken	13 Hinterhand	
7 Widerrist	14 Pfoten	

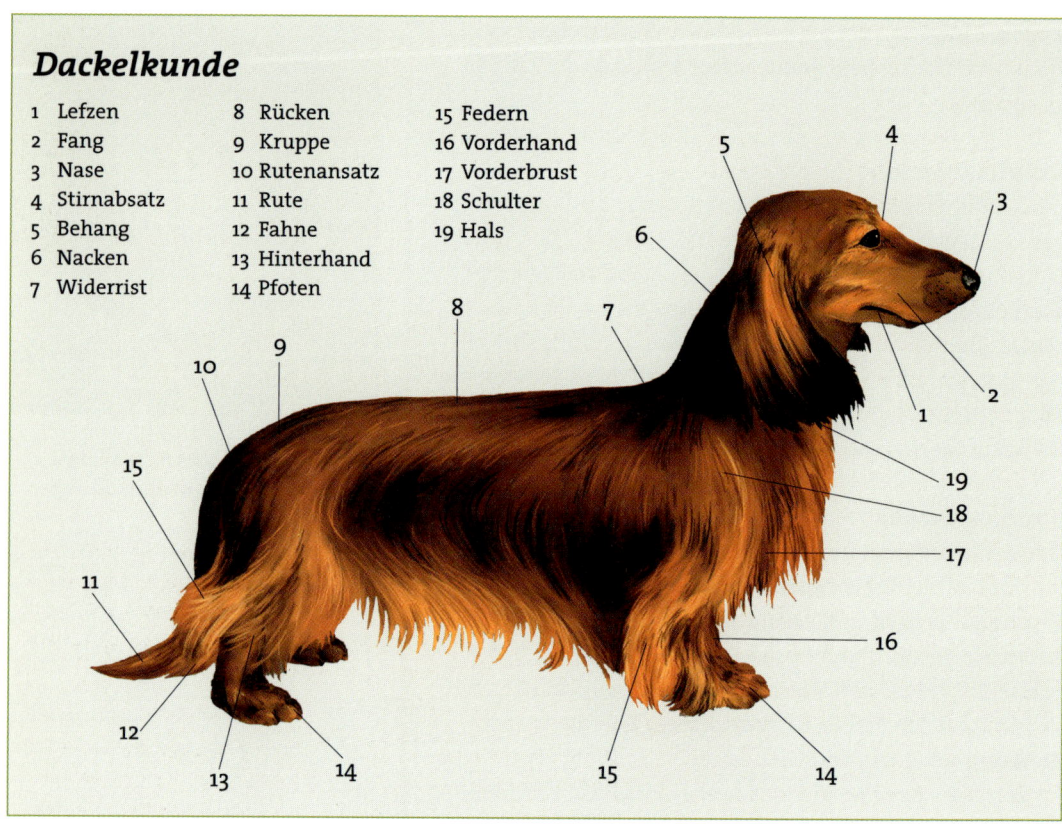

Sie sollten in der Lage sein, in die Bauten von Kaninchen, Füchsen und Dachsen einzuschliefen (zu schlüpfen). Im Gegensatz zu anderen Hunderassen werden die Dackel aus diesem Grund nicht nach Schulterhöhe, sondern nach Brustumfang gemessen. Diese Messung kann frühestens im Alter von 15 Monaten gemacht werden. Das Ergebnis wird dann in die Ahnentafel des Dackels eingetragen.

Rassekennzeichen

Da sich Kurz-, Lang- und Rauhaarteckel überwiegend durch das Fell unterscheiden, werden an die Anatomie bei allen drei Haararten die gleichen Anforderungen gestellt.
Kopf: Er muss lang gestreckt sein und bis zur Nase gleichmäßig schmaler werden, wenig Stirnabsatz.

Augen: Oval, mandelförmig und weit auseinander stehend, dunkles Auge ist erwünscht. Der Ausdruck soll energisch aber doch freundlich sein.
Behänge: Hoch und nicht zu weit vorne angesetzt. Sie sollen rund, nicht zu lang und beweglich sein. Faltige, spitze oder zu schmale Ohren gelten als fehlerhaft. Der vordere Rand soll schön an der Wange anliegen.
Hals: Lang und schön bemuskelt. Die Haut an der Kehle soll eng anliegen.
Körper: Hoher Widerrist. Der Rücken soll danach schön gerade sein oder ganz leicht nach hinten abfallend verlaufen. Die Bauchlinie soll gering aufgezogen, der Brustkorb von vorne oval, ansonsten voluminös sein. Der tiefste Punkt der Brust soll einen Bodenabstand von circa einem Drittel des Widerrists haben.
Rute: Läuft in der Rückenlinie weiter. Ein Knick oder eine Verknorpelung sind fehlerhaft, die Rute darf nicht aufrecht getragen werden, sondern soll leicht geschwungen hängen.
Vorderhand: Gerade! Die Pfoten sollen nach vorne zeigen. Die Vorderhand muss gut bemuskelt und gewinkelt sein.
Hinterhand: Kräftige Muskeln. Gerade Hinterbeine. O-Beine oder X-Beine sind fehlerhaft.

Wesen und Verhalten

Die kleinen Vierbeiner sind nicht nur vielseitige Jagdhunde, sondern auch universelle Gefährten der Familie: Sie beschützen ihre Menschen, bewachen Haus und Hof, spielen mit den Kindern, können ganz zärtlich schmusen und passen sich dem Rhythmus der Familie an. Natürlich lassen sich nicht alle Dachshunde über einen Kamm scheren. Jeder ist eine ganz große Persönlichkeit mit vielen Facetten. Mehr oder weniger steckt in jedem Dackel etwas von dem Clown, der ständig neue Ideen ausheckt, dem Sensiblen, der empfindsam mit Herrchen oder Frauchen fühlt und dem Fordernden, der energisch seine Wünsche umzu-

In manchen Ländern werden Dackel gezüchtet, die wie eine Karikatur aussehen. Im Vergleich dazu der Schattenriss eines Dachshundes zu Anfang unseres Jahrhunderts.

Teckel sind sehr soziale Tiere und sollten aus diesem Grund nicht alleine im Zwinger gehalten werden. Ein einsamer Dackel wird im Zwinger entweder verkümmern oder aggressiv werden!

Wichtig!

Lassen Sie Ihren Dackel in der warmen Jahreszeit nie alleine im Auto. Die Blechkisten heizen sich sehr schnell auf und Ihr Dackel kann an einem Hitzschlag sterben. Muss es doch einmal für kurze Zeit sein, lassen Sie die Fenster einen Spalt breit offen und stellen Sie Ihr Auto im Schatten ab. Denken Sie aber daran, dass die Sonne wandert!

„Schnelle Bewegungen erschrecken mich. Du musst mich immer ganz vorsichtig und langsam anfassen."

setzen versucht. Es ist herrlich, ihre Mimik zu beobachten: Das Stirn runzeln, die rollenden Augen und die beweglichen Ohren.

Der sprichwörtliche Dackelblick eilt dem Ruf der kleinen Hunde voraus. Wer einmal in die flehenden Augen eines Teckels schaut, wird dem kleinen Schmeichler nur schweren Herzens etwas abschlagen können und ganz schnell hat er Sie um seine kleine Pfote gewickelt. Doch gerade die pfiffigen Kerlchen brauchen einen Rudelchef, der ihnen sagt, wo es langgeht. Dackel sind sehr intelligent und merken sich jede Ausnahme.

Der Dickkopf ist ein Erbe seiner ursprünglichen Tätigkeit, der Baujagd. Ganz auf sich allein gestellt, mussten die tapferen Hunde in Bruchteilen von Sekunden Entscheidungen treffen, die über ihr Leben entscheiden konnten. Deswegen gehörte zu einem erfolgreichen Jagdteckel neben seinem Mut und seiner Ausbildung auch immer eine gehörige Portion Selbstbewusstsein. Sieht Ihr Dackel ein Kommando nicht ein, kann er auf stur stellen. Da ist dann Ihre Konsequenz gefragt, um den kleinen Dickkopf wieder gerade zu rücken.

Die Sinne

Hunde sind mit ihren Sinnen dem Menschen weit überlegen. Sie riechen besser, hören besser und können viel weiter sehen als wir Zweibeiner. Während wir im Lauf der Evolution immer mehr von der vollen Leistung unserer Sinne eingebüßt haben, wurden diese bei den Hunden durch Mischung verschiedener Rassen und Zuchtauswahl besonders gefördert. Diese Auswahl war bei den Dachshunden auf jagdliche Fähigkeiten konzentriert.

Geruchssinn

Das Riechzentrum im Gehirn der Hunde ist um ein Vielfaches größer als das von uns Zweibeinern. Und weil der Geruchssinn bei den Hunden am besten ausgeprägt ist, orientieren sie sich auch mit der Nase. Die Kontaktaufnahme mit Artgenossen läuft auf diese Weise ab, genauso wie das „Zeitung lesen" bei den täglichen Spaziergängen. So kann ihr Dackel genau erschnüffeln, ob Nachbars Fiffi schon seine Runden gedreht hat oder Senta von gegenüber heiß ist.

Geschmackssinn

Der Geschmackssinn ist eng verbunden mit dem Geruchssinn. Und da dieser außerordentlich ist, kann auch davon ausgegangen werden, dass Hunde einen guten Geschmackssinn besitzen. Wenn Sie schon mal stolzer Besitzer eines Vierbeiners waren, werden Sie sicher festgestellt haben, dass diese richtige Feinschmecker werden können.

Hörvermögen

Das Gehör des Hundes ist dem des Menschen weit überlegen. So können Hunde viel höhere Frequenzen wahrnehmen. Ein gutes Beispiel dafür ist die so genannte Hundepfeife, die für uns Menschen lautlos scheint. Aus diesem Grund sollten Sie Rücksicht auf ihren vierbeinigen Freund nehmen und ihn nicht allzu lauter Musik aussetzen.

Sehvermögen

Hunde sehen anders als wir Menschen. Während sich das Sichtfeld unserer Augen weit überschneidet und wir dadurch gut dreidimensional sehen können, ist die Überschneidung bei Hunden viel geringer. Der Vorteil dabei ist, dass die Vierbeiner ein viel größeres Gesichtsfeld haben und so wahrnehmen können, was sich neben oder teilweise sogar hinter ihnen abspielt. Auch können die Nachfahren der Wölfe sich sehr gut in der Dämmerung orientieren, dagegen nehmen sie kaum Farben wahr. Vermutlich erleben sie ihre Umwelt wie die Bilder eines Schwarzweißfernsehers.

Tastsinn

Die Tasthaare über den Augen und an den Lefzen sind besonders empfindlich, weil die Wurzeln tiefer liegen als die der übrigen Haare, eine bessere Blutversorgung haben und mit mehr Nervenzellen bestückt sind.

Hunde haben einen bis zu einer Million Mal stärkeren Geruchssinn als Menschen.

Was es hier wohl Interessantes zu riechen gibt?

Wichtige Fragen vorab

Dackel sind richtige Schelme mit großer Persönlichkeit, Ansprüchen und Bedürfnissen. Bei richtiger Pflege und Haltung werden Sie schon bald einen tierischen Gefährten haben, der mit Ihnen durch dick und dünn geht.

Was ist zu bedenken?

Die Entscheidung, einen Dackel in die Familie aufzunehmen, sollte nicht aus dem Bauch heraus getroffen werden. Auch wenn die Kleinen noch so putzig aussehen – der Entschluss muss wohl überlegt sein. Nicht allein Ihr Wunsch nach einem Hund ist hier ausschlaggebend, Ihr Umfeld hat da auch noch ein Wörtchen mitzureden. Berufen Sie den Familienrat ein und arbeiten Sie die folgenden Fragen und die Checkliste (siehe Seite 16) durch. Nur wenn Sie guten Gewissens alle Fragen mit „Ja" beantwortet haben, sollten Sie sich einen Teckel anschaffen!

Wer kann da schon „Nein" sagen? Doch die Anschaffung eines kleinen Dackels will gut überlegt sein und als Überraschungsgeschenk eignen sich Tiere niemals.

Oft ist es der tierische Freund, dem Ihr Nachwuchs seine großen und kleinen Sorgen unter dem Siegel der Verschwiegenheit anvertraut.

Verantwortung

Obwohl Dackel keine besonderen Ansprüche an Haltung und Pflege stellen, binden Sie sich mit dem Kauf für viele Jahre. Die durchschnittliche Lebenserwartung der kleinen Hunde liegt bei 12 bis 14 Jahren, und es gab schon Teckel, die das biblische Alter von 18 Jahren erreicht haben. In dieser Zeit sind Sie für den kleinen Kerl verantwortlich.

Alle Familienmitglieder müssen mit dem Einzug eines Dackels einverstanden und auch bereit sein, sich um den kleinen Kerl zu kümmern. Doch meistens sieht es so aus, dass die Betreuung des Vierbeiners an einem Familienmitglied „hängen bleibt". Sind Sie diese Person, spielen Ihre körperliche und seelische Verfassung eine große Rolle. Fühlen Sie sich zum Beispiel mit Ihren jetzigen Aufgaben überfordert und wissen nicht, wann Sie die ganze Arbeit erledigen sollen, ist das sicherlich nicht der richtige Zeitpunkt, um einen Hund ins Haus zu holen.

Hunde kosten Geld

Die Kosten fangen schon beim Kauf an. Für einen Welpen mit einer VDH-Ahnentafel (siehe Seite 21) müssen Sie 700 bis 1000 DM bezahlen, ältere Teckel, die schon auf Ausstellungen erfolgreich waren, können mehrere Tausend

Wichtig!

Wohnen Sie zur Miete, sollten Sie sich vom Hausbesitzer die Erlaubnis zur Hundehaltung schriftlich geben lassen. Es schadet auch nichts, die Nachbarn über die geplante Hundehaltung zu informieren.

Auch für den Unterhalt von „Castor von der Aschenhütte" muss sein Besitzer einige Hundert Mark im Jahr hinblättern.

Kostentabelle

Hundesteuer: 50 bis 250 DM pro Jahr
Haftpflicht: ab 120 DM pro Jahr
Futter: 50 bis 80 DM pro Monat
Impfungen: 80 bis 150 DM im Jahr, zusätzlich eventuelle Kosten für tierärztliche Behandlung oder Medikamente

DM kosten. Entscheiden Sie sich für einen Dackel aus dem Tierheim, liegt die Spende bei durchschnittlich 250 DM. Zusätzlich müssen Hundesteuer, Haftpflichtversicherung, Tierarztrechnungen und nicht zu vergessen die laufenden Futterkosten bezahlt werden (siehe Kostentabelle links). Sind Sie dazu bereit?

Haben Sie genügend Zeit?

Nehmen Sie sich drei oder vier Wochen Urlaub, wenn Ihr neuer Hausgenosse bei Ihnen einzieht. Gerade Welpen benötigen viel Aufmerksamkeit und dürfen in der ersten Zeit nicht alleine gelassen werden. Sie vermissen die Mutter und die Geschwister. Diese Gesellschaft müssen Sie dem kleinen Kerl jetzt ersetzen. Damit der junge Hund nicht den Kontakt zu Artgenossen verliert, empfiehlt sich der Besuch einer Welpenspielgruppe und später die Teilnahme an Lehrgängen in einer Hundeschule. Diese Zeit sollten Sie sich nehmen. Ein wohlerzogener und ausgeglichener

Wenn Sie Ihren Dackel vernachlässigen, kann es bei Ihnen zu Hause auch bald so aussehen.

Hund wird es Ihnen danken. Ist Ihr Dackel etwas älter, sollte er nicht länger als vier Stunden alleine bleiben. Mindestens zwei Stunden müssen Sie pro Tag für die Spaziergänge einplanen.

Kinder und Dackel

Kinder und Dackel sind ein tolles Team. Der Hund ist gleichzeitig Kumpel und Seelentröster. Durch den Umgang mit dem pfiffigen Vierbeiner lernt der Nachwuchs, Respekt und Toleranz gegenüber Tieren zu haben und verantwortungsvoll mit ihnen umzugehen.

Doch Kinder sind mit der Betreuung und Pflege eines Hundes überfordert. Erst mit 14 oder 15 sollte ein Kind alleine für einen Hund sorgen. Und auch dann ist es wichtig, dass die Eltern immer ein Auge auf den Vierbeiner haben und sich notfalls um ihn kümmern. Und wie sieht es in fünf oder acht Jahren aus, wenn Ihr Nachwuchs auszieht und den lieb gewonnenen Dackel nicht mitnehmen kann?

Aber auch kleineren Kindern können Sie durchaus Aufgaben rund um den Hund geben. Sie können ihn bürsten und füttern – das macht sogar Spaß. Dadurch lernen sie schon früh, dass ein Tier regelmäßiger Pflege bedarf. Jedoch sollten kleine Kinder nie mit einem Hund alleine gelassen werden oder ihn alleine ausführen.

Kündigt sich in Ihrer Familie Nachwuchs an, ist das kein Grund zur Besorgnis. Wenn Sie auf die übliche Hygiene achten, das heißt regelmäßige Entwurmung und Impfung des Vierbeiners sowie Händewaschen nach dem Anfassen, besteht weder eine Gefahr für die Schwangere, noch für das Kind. Ist das Baby dann da, sollten Sie Ihren vierbeinigen Freund nicht ausschließen, sondern ihm besonders viel Aufmerksamkeit schenken, damit er das Kind als neues Familienmitglied zu akzeptieren lernt und nicht eifersüchtig wird.

Wichtig!
Ältere Hunde benötigen vielleicht teure Medikamente. Wer nicht bereit ist, für diese Kosten aufzukommen, sollte lieber auf die Anschaffung eines Vierbeiners verzichten.

„Wenn ich zusammengerollt in meinem Körbchen liege, möchte ich schlafen. Störe mich dann bitte nicht."

Bitte nicht stören

Sie müssen Ihren Kindern die Be-
dürfnisse des Hundes erklären.
Ein Dackel ist kein Plüschtier.
Er ist ein sensibles Lebewesen, das
Freude, Trauer, Schmerz und auch
Wut fühlt.

Wichtig!

Wenn Ihr Dackel einmal krank
ist, müssen Sie sich die Zeit
nehmen, mit ihm zum Tierarzt
zu fahren oder den Patienten
zu pflegen und dafür vielleicht
auch einmal einen
wichtigen Termin
sausen lassen.

Dackel und andere Tiere

Dackel sind sehr gesellige Hunde, die sich prima mit Artgenossen verstehen. Voraussetzung ist, dass Sie ihnen genug
Zeit lassen, sich kennen zu lernen und keinen bevorzugen.

Und glauben Sie nicht das Märchen von Hund und Katz,
die sich niemals verstehen werden! Auch zwischen diesen
beiden kann es ganz tolle Freundschaften geben. Besonders innig wird die Beziehung zwischen den ungleichen
Vierbeinern, wenn sie zusammen aufwachsen. Doch auch
erwachsene Tiere können durchaus lernen, miteinander
zu leben.

Passt ein Dackel zu mir?

• Habe ich genügend Zeit für die täglichen Spazier-
gänge, das Füttern und eine Schmusestunde?
• Bleibt der Dackel nicht länger als vier Stunden
am Tag allein?
• Stimmt die ganze Familie dem Einzug des
neuen Hausgenossen zu?
• Werde ich die nötige Konsequenz aufbringen,
den kleinen Dickkopf zu erziehen?
• Bin ich bereit, neben den Anschaffungs- und
Verpflegungskosten auch noch für Hunde-

steuer, Haftpflichtversicherung und vielleicht
hohe Tierarztrechnungen aufzukommen?
• Erlauben meine Vermieter die Hundehaltung?
• Kann es mit den Nachbarn Probleme wegen
der Hundehaltung geben?
• Sind andere Haustiere „hundeverträglich"?
• Kann ich mit dem Dackel verreisen oder ihn
für diese Zeit gut unterbringen?
• Leidet ein Familienmitglied an einer Tierhaar-
allergie?

Welcher Dackel soll es sein?

Wenn Sie sich für die Anschaffung eines Dackels entschieden haben, gilt es nun, den Richtigen zu finden. Dabei soll nicht nur das Aussehen des pfiffigen Vierbeiners eine Rolle spielen! Vielmehr müssen Sie vorab schon bestimmen, welche Eigenschaften der neue Hausgenosse mitbringen soll.

Spezielle Eignung

Wollen Sie, dass Ihr Teckel Sie auf Ihren jagdlichen Streifzügen begleitet und tatkräftig unterstützt? Dann sollten Sie sich nach einem Züchter umsehen, der bei seinen Zuchthunden großen Wert auf die so genannte Gebrauchsarbeit legt. Die Wahrscheinlichkeit, dass Ihr kleiner Wald- und Wiesenkumpan die Begabung zur jagdlichen Arbeit von seinen Eltern in die Wiege gelegt bekommen hat, ist dann umso größer.

Sind Sie eher daran interessiert, auf Hundeausstellungen die begehrten Pokale einzuheimsen, bietet sich ein Züchter an, der „auf Schönheit" züchtet und mit seinen Hunden schon entsprechende Erfolge erzielt hat.

Soll Ihr Dackel einfach ein lieber und loyaler Hausgenosse sein, der Sie bei Ihren Spaziergängen begleitet und im Haus Gesellschaft leistet, müssen Sie nichts Besonderes beachten. Jedoch sollten Sie einen Familienhund nicht bei einem Züchter kaufen, der mit seinen Hunden intensiv auf Gebrauch arbeitet. Diese Dackel gehören in Jägerhände!

Rüde oder Hündin?

Hündinnen und Rüden schließen sich gleich gut an den Menschen an. Es kommt mehr auf Sympathie und Beschäftigung mit dem Hund an.

Bei einer Hündin müssen Sie die Läufigkeit bedenken, die etwa alle sechs bis acht Monate für drei Wochen anhält.

Nicht immer vertragen sich Hund und Kaninchen so gut. Der Jagdtrieb des Teckels lässt sich nicht per Knopfdruck ausschalten. Da heißt es: aufpassen!

Nicht jeder Dackel ist so erfolgreich wie Lilofee von Rehblick. Der Züchter wird Ihnen keine Garantie darauf geben können, dass sich der Welpe nach Ihren Vorstellungen entwickelt.

Rüden markieren während des Spaziergangs ihr Revier. Das kann besonders in der Stadt schon mal den Unmut der Passanten hervorrufen.

Während dieser Zeit kann die Hundedame wegen des veränderten Hormonspiegels schon mal etwas launischer sein als sonst. Auch verliert sie gelegentlich einige Tropfen Blut in der Wohnung. Das können Sie jedoch verhindern, wenn Sie das Mädchen rechtzeitig an ein so genanntes Schutzhöschen gewöhnen.

Ein viel größeres Problem können die Rüden in der Nachbarschaft sein. „Blind vor Liebe", werden diese alles versuchen, um die junge Dame zu beglücken. Mancher fesche Dackelmann neigt auch dazu, einen ausgeprägten Sturkopf zu haben und braucht eine starke Hand, die ihm seine Grenzen weist.

Ein oder zwei Dackel?

Dackel sind Rudeltiere und brauchen Gesellschaft. Doch das müssen nicht immer andere Hunde sein, auch der Mensch kann die tierische Sippe ersetzen. Schließlich sollte sowieso immer der Zweibeiner der Rudelführer sein. Ein Teckel fühlt sich auch ohne andere Hunde wohl, wenn Sie genug Zeit für ihn haben. Manche Vierbeiner müssen

Wichtig!

Wenn Sie in einem Hochhaus wohnen, empfiehlt sich der Kauf eines Kleinteckels. Die langrückigen Hunde dürfen nicht viele Stufen laufen und müssen mehrmals am Tag die Treppen hoch und runter getragen werden.

Manchmal dauert es eine Weile, bis die Verständigung richtig klappt.

Zu zweit macht alles viel mehr Spaß, meinen auch die beiden Kleinen aus dem Zwinger „von Oberkleen".

Tipp!

Orientieren Sie sich bei der Wahl des Geschlechts an den Hunden in der Nachbarschaft. Wohnen dort beispielsweise vorwiegend Rüden, sollten auch Sie einen Dackelmann wählen.

jedoch einige Stunden am Tag alleine bleiben. Dann ist es sicherlich besser für ihren Dackel, wenn er noch einen Kumpel hat, mit dem er sich die Zeit vertreiben kann.

Welches Alter ist das richtige?

Für Welpen liegt das ideale Alter bei acht bis zwölf Wochen. Während dieser Zeit gewöhnen sich die Kleinen am besten in die neue Umgebung ein. Einen jüngeren Hund sollten Sie auf keinen Fall kaufen, da dieser dann viel zu früh von der Mutter getrennt worden ist.

Doch auch erwachsene Teckel haben keine Probleme, sich an die neue Familie anzupassen. Gerade für ältere Menschen sind diese Hunde eine gute Alternative zum temperamentvollen Welpen, in den doch noch erhebliche Erziehungsarbeit investiert werden muss.

Wo gibt es Dackel?

Ein Dackel soll ins Haus – das ist nun klar. Doch woher nehmen? In der Tageszeitung oder in Hundezeitschriften werden in zahlreichen Anzeigen Dackel angeboten. Aber wie

Ältere Menschen müssen nicht auf einen Welpen verzichten. Viele Züchter regeln vertraglich mit den Käufern, dass der Hund bei Krankheit in Pflege genommen wird.

„Am Schwanz und an den Ohren bin ich sehr empfindlich. Wenn du daran ziehst, werde ich sauer!"

Stolz präsentiert die Züchterin den hoffnungsvollen Dackelnachwuchs „von Rehblick", den sie mit viel Liebe großgezogen hat.

wissen Sie, dass es sich um seriöse Züchter handelt, die da ihre Hunde feilbieten, und nicht um Hundehändler, die nur das große Geschäft mit dem besten Freund des Menschen machen wollen? Dieses Kapitel gibt Ihnen nützliche Hinweise, um die „Guten von den Bösen" zu unterscheiden.

Züchter

1888 gründeten Dackelliebhaber den Deutschen Teckelklub (DTK). Die Züchter dieses Vereins ziehen ihre Welpen nach strengen Vorschriften auf und sind dem Verband für das Deutsche Hundewesen (VDH) angeschlossen. Das heißt, dass eine Genehmigung erteilt wird, die Zuchtstätte Min-

Checkliste: Kauf beim Züchter

- Der Züchter strahlt Kompetenz aus.
- Er ist Mitglied in einem Verein des VDH.
- Es leben auch noch betagte Vierbeiner mit im Haushalt.
- Sie können zumindest die Mutter des Welpen sehen.
- Bei mehreren Welpen haben Sie die Auswahl.
- Die Kleinen sind gesund und bei der Abgabe mindestens acht Wochen alt, entwurmt und geimpft.
- Die Welpen sollen neugierig, selbstbewusst und zutraulich sein.
- Sie haben Zeit, sich die Dackelbabys in aller Ruhe anzuschauen.
- Sie werden ausführlich beraten, aber nicht zum Kauf gedrängt.
- Der Züchter legt Ihnen den Bericht des Zuchtwartes vor und weist Sie auf eventuelle „Fehler" des Welpen hin.
- Er zeigt Ihnen, wie die Hunde untergebracht sind.
- Die Räumlichkeiten sind sauber und frei von Ungeziefer.
- Die Welpen haben zumindest stundenweise die Möglichkeit, „Ausflüge" im Haus oder in den Garten zu unternehmen.
- Auch Ihnen werden Fragen gestellt, damit der Züchter sich ein Bild vom neuen Platz seines Zöglings machen kann.
- Der Züchter erläutert Ihnen genau die Fütterung und Pflege des Hundes und steht Ihnen auch nach dem Kauf mit Rat und Tat zur Seite.
- Er interessiert sich auch nach der Abgabe für „seinen" Dackel und freut sich über Ihren Anruf oder Besuch.

destanforderungen entsprechen muss und die Welpen vor der Abgabe geimpft und mehrmals entwurmt werden. Der Wurf wird von einem Zuchtwart abgenommen, der in seinem Bericht schriftlich die Haltungsbedingungen festhält und kontrolliert, ob die Welpen zuchtausschließende Fehler haben. Der Bericht geht an die Geschäftsstelle des Vereins. Daraufhin wird die Ahnentafel ausgestellt und dem Züchter zugeschickt, der sie dann an den Welpenkäufer weiterleitet.

Ebenfalls dem VDH angeschlossen ist der Dackel Club Deutschland, der 1986 gegründet wurde.

Die Züchter versuchen, durch wohl überlegte Auswahl der Elterntiere, ihrem Zuchtziel möglichst nahe zu kommen. Doch im Vordergrund steht immer der gesunde und sozial verträgliche Dackel. Denn nur die wenigsten Hunde werden später auf Zuchtschauen ausgestellt oder bei der Jagd eingesetzt. Sie sollen ganz einfach liebe Familienhunde sein, die Herrchen oder Frauchen viel Freude bereiten.

Der Secondhand-Dackel

Häufig suchen auch ältere Dackel oder Dackelmischlinge ein neues Zuhause. Sei es wegen eines Umzuges der Besitzer, als Scheidungswaise oder weil in der Familie eine Tierhaarallergie aufgetreten ist. Sie sitzen dann in Tierheimen, der Halter selbst sucht per Anzeige ein neues Plätzchen für den Vierbeiner oder eine Vermittlungsstelle des Vereins kümmert sich darum.

Gerade diese Hunde haben es verdient, eine neue Familie zu finden und sind meistens besonders „dankbar". Zwar bringen diese „Secondhand-Dackel" manchmal Eigenheiten mit, auf die es sich einzustellen gilt, doch gleichen sie das oft durch ein Grundmaß an Erziehung aus.

Vielleicht kommt so ein „Gebrauchter" ja auch für Sie in Frage – ein Blick ins Tierheim oder in die Zeitung lohnt sich allemal und kostet nichts.

Tipp!

Manchmal haben Züchter auch Welpen mit zuchtausschließenden Fehlern. Das können zum Beispiel ein fehlender Zahn oder Hoden oder eine geknickte Rute sein, was den Dackel gar nicht stört. Diese Hunde werden dann preiswerter abgegeben.

Auch vor großen Tieren haben Dackel keine Angst.

Tipp!

Manchmal müssen Sie etwas länger auf Ihren Traumhund warten. Sind Sie jedoch vom Züchter und seinen Dackeln überzeugt, lohnt sich die Wartezeit allemal.

Die Auswahl des neuen Dackels

Ein seriöser Züchter wird sich freuen, wenn Sie schon vor dem Kauf regen Anteil an der Entwicklung der Welpen nehmen und sie bis zur Abgabe mehrmals besuchen. So haben Sie die Möglichkeit, die Geschwister im Spiel zu beobachten und wichtige Verhaltensweisen zu erkennen.

Bei der Auswahl sollten Sie sich sehr viel Zeit lassen und nicht aus dem Bauch heraus entscheiden, sondern die Eigenschaften der kleinen Hunde und die Empfehlungen des Züchters mit in die Entscheidung einbeziehen. Ein Welpe, der seine Geschwister beim Toben ständig unterwirft, wird als erwachsener Vierbeiner wahrscheinlich auch sehr dominant sein und einen erfahrenen Erzieher benötigen. Als reiner Familienhund eignet sich

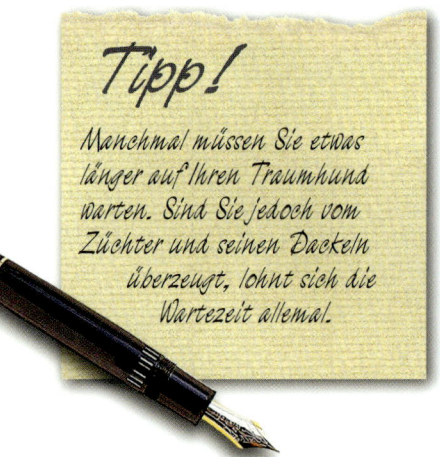

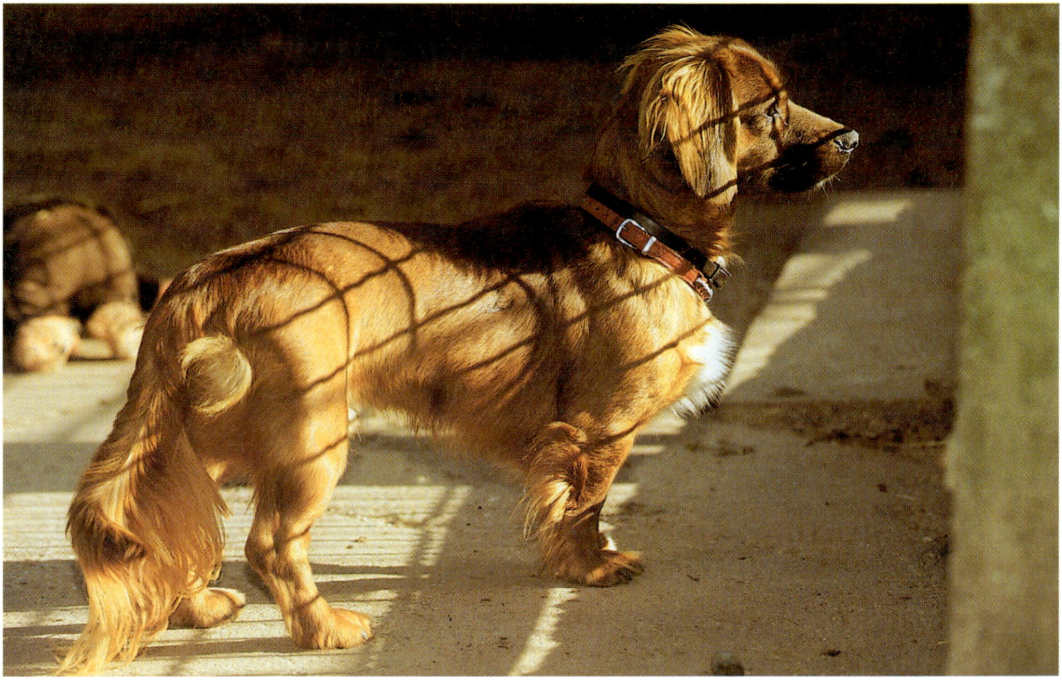

Mit der Übernahme eines „Secondhand-Dackels“ leisten Sie einen aktiven Beitrag zum Tierschutz.

Folgen Sie den Anweisungen des Züchters, wenn Sie bei den Welpen sind. Achten Sie darauf, dass Sie die Kleinen nicht treten oder herunterfallen lassen, und verschieben Sie den Besuch beim Züchter, wenn Sie oder Ihre Hunde krank sind.

da wohl der Welpe besser, der ein ruhigeres Gemüt besitzt. Doch eines sollten die Kleinen auf keinen Fall sein: ängstlich! Diese Dackelkinder hatten mit Sicherheit sehr wenig Kontakt zu Erwachsenen und Kindern, was nicht für eine qualifizierte Aufzucht spricht. Denn ein guter Züchter wird stets bemüht sein, den Welpen so viele Eindrücke wie möglich zu vermitteln.

Welpen müssen noch sehr viel spielen.

Gesundheits-Checkliste

Verhalten: munter, neugierig, offen und freundlich
Augen: klar und glänzend, kein Ausfluss
Ohren: sauber, nicht verdreckt oder verschmiert (Anzeichen von Parasiten)
Gebiss: keine Zähne stehen über oder zurück
Bauch: kugelig, aber nicht aufgebläht (Anzeichen von Wurmbefall)
After: sauber, nicht verklebt (Anzeichen von Durchfall)
Fell: gepflegt und glänzend, keine kahlen Stellen, kein Ungeziefer

Haltung, Pflege und Erziehung

Ein zufriedener Dackel ist ein toller Kumpel, der mit Ihnen durch dick und dünn geht. Erfüllen Sie die recht bescheidenen Bedürfnisse des kleinen Hundes, können Sie viele Jahre Freude an ihm haben.

Der Dackel kommt

Für Sie beginnt nun eine aufregende Zeit mit dem neuen Hausgenossen. Ihr Tagesablauf wird sich ändern und es kommt Leben in die Bude. Damit der Einzug ins neue Heim ohne Probleme vonstatten geht, müssen Sie einige Vorbereitungen treffen.

Wenn Haltung und Pflege stimmen, wird sich Ihr Dackel auch bald so pudelwohl fühlen.

Der ideale Ruhe- und Schlafplatz

Das fängt an mit der Auswahl des Ruhe- und Schlafplatzes. Dieser muss zugfrei sein und der Boden darf keine Kälte ausstrahlen. Dort können Sie dann die Hundematte oder das Körbchen hinstellen. Auch muss ein Futterplatz bestimmt werden, an dem der Hund ungestört fressen kann. Es erspart Ihnen Arbeit, wenn dieser Platz leicht zu reinigen ist, eventuell durch das Unterlegen einer Kunststoffmatte oder eines Tischsets.

Die Wohnung dackelsicher machen

Damit Ihre Wohnung bei einem Welpen nicht zu großen Schaden nimmt, sollten Sie alles, was Ihnen lieb und teuer ist, in Sicherheit bringen bis der Welpe stubenrein ist und gelernt hat, keine Sachen anzuknabbern (siehe Seite 41). Sichern Sie auch alle möglichen Gefahrenquellen (siehe rechts) ab.

Ausstattung

Als Nächstes heißt es, einkaufen gehen. Rund um den Hund werden viele nützliche Dinge angeboten, aber auch viele unnütze, die Ihnen das Geld aus der Tasche ziehen sollen. Lassen Sie sich vom Überangebot nicht verführen, sondern greifen Sie auf zweckmäßige Artikel zurück. Die Checkliste auf Seite 26 soll Ihnen dabei helfen.

Legen Sie sich einmal auf den Boden und versuchen Sie, das Zimmer aus der „Dackelperspektive" zu betrachten. Sie werden sich wundern, was für den kleinen Freund alles interessant sein oder ihm schaden kann.

Gefahrenquellen

Damit dem Neuankömmling in Haus und Garten nichts passiert, sollten Sie dafür sorgen, dass alles „dackelsicher" gemacht wird.

- Grundstück sicher und dicht einzäunen, den Zaun tief in den Boden einlassen.
- Pool oder Teich abdecken bzw. einzäunen.
- Giftige oder stachelige Pflanzen müssen für den Dackel unerreichbar sein.
- Offene Balkone, freie und hohe Treppen sichern.
- Offene Türen mit einem Stopper fest halten, damit diese bei Durchzug nicht zuschlagen und Ihren Hund einklemmen.
- Dem Dackel keine Möglichkeit bieten, an Kabeln zu knabbern oder die Nase in Steckdosen zu halten.
- Den Dackel von Chemikalien, Reinigungsmitteln und Medikamenten fern halten.
- Alles, was der Vierbeiner verschlucken könnte (z.B. Schnuller, Nadeln, Wursthaut, kleines Spielzeug, Plastik), unerreichbar aufbewahren.

Sichern Sie hohe Treppen ab, sonst fällt Ihr neugieriger Welpe vielleicht runter und verletzt sich schwer.

Die Grundausstattung sollte bereit sein, wenn Ihr neuer Freund kommt.

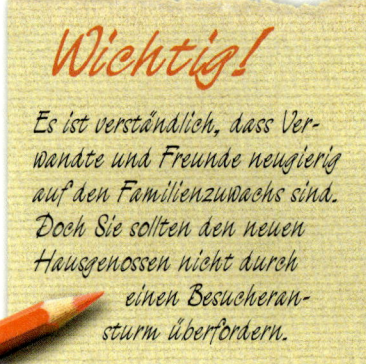

Wichtig!

Es ist verständlich, dass Verwandte und Freunde neugierig auf den Familienzuwachs sind. Doch Sie sollten den neuen Hausgenossen nicht durch einen Besucheransturm überfordern.

Checkliste Ausstattung

- Je ein Futter- und Wassernapf
- Halsband aus weichem Leder oder Nylon
- Leine aus weichem Leder oder Nylon
- Adressanhänger für das Halsband
- Körbchen mit weicher Matte
- Spielzeug (Ball, Beißring oder Kordel)
- Transportbox aus Kunststoff
- Kamm mit feinen Zinken
- Bürste (eine Seite Drahtborsten, eine Seite weiche Borsten)
- Flohkamm
- Zeckenzange

Die Heimfahrt

Das bedeutet die erste Trennung von Mutter und Geschwistern und erster intensiver Kontakt zu Ihnen. Nutzen Sie die Zeit! Fahren Sie zu zweit, damit Sie sich in aller Ruhe um den kleinen Kerl kümmern können. Er braucht jetzt sehr viel Zuwendung. Schließlich soll er seine erste große Fahrt doch nicht mit einem schlimmen Erlebnis verbinden.

Denken Sie daran, dass nicht jeder Welpe das Autofahren auf Anhieb verträgt und sich vielleicht übergeben muss. Bereitliegende Papiertücher verhindern schlimme Flecken auf den Sitzen. Der Züchter wird seinem Zögling an diesem Tag nur eine kleine Mahlzeit gegeben haben. Versuchen auch Sie nicht, den Abschied durch zu viele Leckerbissen zu versüßen. Das könnte daneben gehen.

Vergessen Sie nicht, Leine, Halsband und eine kuschelige Decke mitzunehmen. Dauert die Fahrt länger, sollte auch frisches Wasser im Gepäck sein, das dem Dackelkind während der Pausen angeboten werden kann.

Endlich angekommen

Endlich zu Hause angekommen, führen Sie Ihren Dackel als Erstes zum neuen Löseplatz und loben ihn sehr, wenn er sein „Geschäftchen" gemacht hat. In der Wohnung zeigen Sie ihm den Futter- und Wassernapf sowie seinen neuen Schlafplatz. Nun kann er auch seine „Einstands-mahlzeit" bekommen.

Am ersten Tag sollten die Mitbewohner den Kleinen nicht bedrängen und warten, bis er von sich aus auf sie zukommt. Wenn er dann interessiert seine neue Umgebung erkundet, ist die erste Hürde genommen. Fängt der unternehmungslustige Kerl jedoch an, Möbel, Schuhe oder andere verführerische Sachen anzuknabbern, ist ein strenges „Pfui!" fällig. Denn es ist viel einfacher, von Anfang an etwas zu verbieten, als den Hund später umzuerziehen. Lenken Sie seine Aufmerksamkeit lieber auf die neuen Spielsachen.

Aller Anfang ist schwer

Bevor das neue Familienmitglied die erste Nacht im neuen Heim verbringt, sollte die Frage des Schlafplatzes geklärt sein. Bisher war der kleine Dackel noch nie ohne Gesellschaft, und ihn in einem Zimmer alleine zu lassen, ist nicht artgerecht. Am besten ist er auch nachts in Ihrer Nähe untergebracht, damit er seine Hundefamilie nicht so sehr vermisst. Das bedeutet jedoch nicht, dass er in Ihrem Bett schlafen muss. Es reicht schon aus, das Körbchen neben das Bett zu stellen und ihn immer mal wieder zu streicheln.

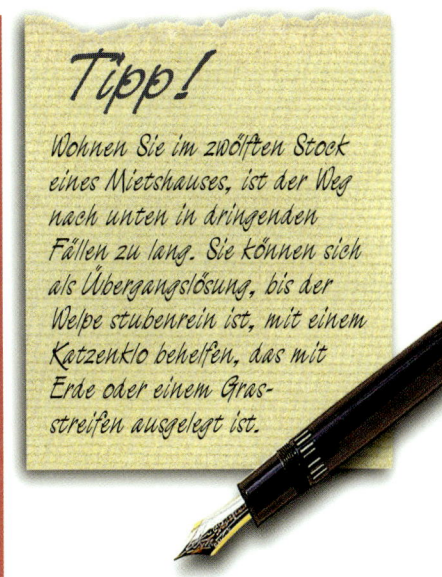

Tipp!

Wohnen Sie im zwölften Stock eines Mietshauses, ist der Weg nach unten in dringenden Fällen zu lang. Sie können sich als Übergangslösung, bis der Welpe stubenrein ist, mit einem Katzenklo behelfen, das mit Erde oder einem Grasstreifen ausgelegt ist.

Geben Sie dem Züchter einige Tage vor dem Kauf ein getragenes T-Shirt, damit der Welpe sich an Ihren Geruch gewöhnen kann.

Dackelinvasion auf dem Sofa.
Doch für Sie sollte immer noch
ein Platz frei sein.

Ist die Unterbringung im Schlafzimmer nicht möglich, sollten Sie ihm die Trennung so einfach wie möglich machen.
Nun kommt das alte T-Shirt zum Einsatz, das Sie vor ein
oder zwei Wochen dem Züchter gegeben haben. Es hat inzwischen den Geruch des Welpen und seiner tierischen
Familie angenommen. Legen Sie noch eine Wärmflasche
darunter, damit er sich geborgen fühlt.

Nehmen Sie sich für den Anfang zwei, besser noch drei
Wochen Urlaub und erleichtern Sie dem Dackelkind die
Eingewöhnungsphase. Gerade in der ersten Woche sollte
er von Ihnen als Bezugsperson tagsüber ständig betreut
werden, damit er eine intensive Bindung aufbauen kann.
Zeigen Sie ihm seine neue Welt und spielen Sie mit ihm.
Ganz klasse finden die meisten Hunde Bälle, die in nicht
vorhersehbare Richtungen springen oder geknotete Kordeln, an denen man schön ziehen kann. Respektieren Sie
jedoch die Ruhe- und Schlafzeiten des kleinen Hundes,
die er ganz dringend braucht.

Stubenreinheit

Ein Welpe muss sich nach dem Schlafen und nach dem
Fressen lösen. Führen Sie ihn dann auf dem schnellsten
Weg zum Löseplatz, damit er sich erleichtern kann. Ein
Warnsignal ist es auch, wenn er plötzlich ganz intensiv am

Wichtig!

Wählen Sie einen Löseplatz aus,
an dem Ihr Hund seine Ruhe
hat und wo seine Hinterlassenschaften nicht zum Ärgernis
von Nachbarn oder Passanten
werden. Entsorgen Sie Kot von
Gehwegen oder anderen
„sensiblen" Bereichen.

Boden schnüffelt und sich dabei im Kreis dreht. Dann heißt es: Ab nach draußen! Zusätzlich sollten Sie ihn alle zwei bis drei Stunden an seinen Platz bringen. Ganz wichtig ist, dass der kleine Dackel nach jedem „Geschäft", das er am richtigen Platz erledigt hat, ein ganz dickes Lob bekommt. Sollte doch einmal in der Wohnung etwas daneben gehen, dürfen Sie den kleinen Missetäter nicht mit der Nase in die Pfütze stoßen oder schlagen. Reinigen Sie den „Tatort" mit einem Desinfektionsmittel oder Essig, damit der Geruch des Urins ihn nicht wieder dazu verführt, einen See in der Wohnung zu hinterlassen.

Die richtige Ernährung

Zwar sehen unsere Dackel ihren wölfischen Vorfahren nicht mehr ähnlich, trotzdem haben die kleinen Vierbeiner mit ihren Ahnen etwas gemeinsam: Beide sind Fleischfresser. Das bedeutet jedoch nicht, dass ein Hund von Fleisch alleine leben kann. Wölfe fressen ihre Beute mit Haut und Haaren und dem Magen samt Inhalt. Dadurch nehmen sie automatisch notwendige Kohlehydrate, Ballaststoffe, Vitamine und andere wichtige Nahrungsbestandteile auf, die neben tierischem Eiweiß und Fett zur ausgewogenen Ernährung gehören. Da unsere Hunde diese Möglichkeit der Selbstbedienung nicht mehr haben, muss der Mensch für das richtige Futter sorgen. Zahlreiche Futtersorten stehen in den Regalen der Geschäfte und machen es dem Zweibeiner nicht leicht, das Richtige für seinen Liebling zu finden. Besonders, da in den verschiedenen Lebensabschnitten auch andere Ansprüche an die Zusammensetzung des Futters gestellt werden.

Als oberstes Gebot gilt: Hunde nicht mit Resten vom Tisch füttern! Diese sind zu fett, zu scharf oder zu süß und überhaupt nicht auf die Ansprüche der Vierbeiner abgestimmt. Außerdem verleiten Sie Ihren Dackel damit

So sollte es bei Tisch nicht zugehen.

Richtig füttern bedeutet auch, dem Vierbeiner Regelmäßigkeit zu geben. Servieren Sie die Hundemahlzeiten täglich zur gleichen Zeit.

Zu kaltes Futter kann zu Durchfall und anderen Erkrankungen führen. Am besten wird die Hundemahlzeit mit Zimmertemperatur serviert. Wasser muss immer zur Verfügung stehen.

Wie oft füttern?

Bis zum vierten oder fünften Lebensmonat viermal täglich, danach dreimal am Tag füttern. Ab dem siebten bis achten Monat reichen dann zwei Mahlzeiten aus. Ist der Dackel ein Jahr alt, kann auf eine Mahlzeit pro Tag umgestellt werden. Es bekommt jedoch auch dem erwachsenen Vierbeiner besser, wenn er täglich ein Hauptgericht und eine kleinere Portion erhält.

zum Betteln. Füttern Sie nur spezielles oder extra für den Feinschmecker zubereitetes Futter. Das ist die beste Gewähr, dass Ihr kleiner Liebling gesund bleibt.

Lassen Sie dem Feinschmecker eine Viertelstunde Zeit, sein Menü zu verputzen, danach stellen Sie den Napf weg. Bleibt noch etwas übrig, sollten Sie am nächsten Tag die Portion etwas reduzieren. Nach dem Fressen braucht Ihr kleiner Freund ein Verdauungsschläfchen. Lange Spaziergänge oder ein wildes Spiel müssen warten. Es versteht sich von selbst, dass die Näpfe nach jeder Mahlzeit gründlich gereinigt werden.

Die Ernährung des Welpen

Ein Hund im Wachstum braucht zum Beispiel mehr Kalzium als seine erwachsenen Artgenossen. Viele Futtermittelhersteller haben extra für die ganz Kleinen spezielle Sorten im Angebot, die auf deren Bedürfnisse abgestimmt sind.

Ein guter Züchter wird Ihnen einen Futterplan und vielleicht auch ein Futterpaket für die ersten Tage mit nach Hause geben. Sie sollten unbedingt den Ratschlägen des Fachmanns folgen, denn eine zu schnelle Futterumstellung bedeutet großen Stress für Ihren neuen Hausgenossen und davon hat er nach dem Umzug ins neue Heim schon genug. Es erleichtert ihm die Eingewöhnung ganz sicherlich nicht, wenn er wegen eines neuen Futters Durchfall und Bauchschmerzen hat.

Welches Futter für erwachsene Hunde?

Ein Dackel, der als Jagdbegleiter täglich mehrere Stunden im Revier unterwegs ist, hat natürlich ganz andere Futterbedürfnisse als der Familienhund, der dreimal am Tag spazieren geht, oder der Senior, der sich gar nicht mehr viel bewegen mag. Wichtig ist, dass das Futter auf die Ansprüche Ihres Feinschmeckers abgestimmt ist. Wenn Sie ein so genanntes Alleinfutter anbieten, dürfen Sie nicht noch Vitamin-, Kalzium- oder sonstige Präparate zusätzlich beimengen, weil das den Hund schädigen kann.

Für die Sorgenkinder unter den Hunden wurde eine Vielzahl von speziellen Diätfuttern entwickelt. Egal, ob Ihr Hausgenosse an einer Allergie, einem Leber-, Nieren- oder einem Magen-Darmproblem leidet: Ihr Tierarzt wird das richtige Futter haben.

Fertigfutter

Dosen- und Trockenfutter gibt es jeweils in zwei Varianten. Einmal als Komplettnahrung, die den ganzen Nährstoffbedarf des Vierbeiners deckt, und einmal als „Fleischnahrung", der noch Kohlehydrate, zum Beispiel Hundeflocken, beigemischt werden müssen. Je nach Sorte enthält Dosenfutter 70 bis 80 % Feuchtigkeit. Dem Trockenfutter wurde der größte Teil der Feuchtigkeit entzogen, ansonsten gleicht die Zusammensetzung der des Dosenfutters.

Futter selbst gemacht

Für den Hund zu kochen ist eine Kunst. Es reicht nicht aus, einfach Fleisch, Reis und ein paar Möhren zusammenzustellen. Eine ganz große Rolle spielen auch Ballaststoffe, Vitamine, Mineralstoffe und Spurenelemente, die im rich-

„Mein Essen will ich genießen. Lass mich dann bitte in Ruhe"

Trockenfutter kann eingeweicht in Wasser oder ganz trocken angeboten werden. Es muss dabei immer genügend Wasser zur Verfügung stehen.

Wichtig!

Schweinefleisch darf nur gekocht gegeben werden, weil es ansonsten die für Hunde tödliche Aujeszyksche Krankheit übertragen kann. Ein Stück roher grüner Pansen ist hingegen ein Festessen für alle Vierbeiner.

tigen Verhältnis stehen müssen. Das zu erklären, würde den Rahmen dieses Ratgebers sprengen. Auf der sicheren Seite liegen Sie allemal mit Fertigfutter, das alle notwendigen Bestandteile im richtigen Mischungsverhältnis enthält. Wollen Sie Ihren kleinen Gourmet trotzdem mit frisch zubereiteten Speisen verwöhnen, finden Sie auf Seite 60 eine Buchempfehlung mit vielen leckeren Rezepten.

Ach du dicker Hund

Ein dicker Dackel ist kein schöner Anblick. Nur behäbig kann er sich bewegen, der runde Bauch scheint auf dem Boden zu schleifen. Doch das Schlimmste ist, dass dieser Teckel leidet. Die Atmung fällt ihm schwer, es drohen die gefürchtete Teckellähme (Seite 57) und Herz-Kreislauf-Probleme. Ist es schon passiert, helfen nur noch viel Bewegung, kleinere Portionen oder ein Light-Futter und

Praxis: Hundecookies à la Nicky

Einen Gaumenschmaus ganz besonderer Art bieten Sie Ihrem Feinschmecker mit selbst gemachten Hundecookies. Lecker, gesund, preiswert und von anspruchsvollen Vierbeinern für gut befunden, sind sie eine prima Alternative zu gekauften Leckerlis.

Sie brauchen:
150 g Weizenvollkornmehl
200 g Vollkornhaferflocken
2 Esslöffel Honig
1 Teelöffel gekörnte Rinder- oder Hühnerbrühe
2 Eier
150 ml Milch

Vermischen Sie alle Zutaten zu einem Teig, formen Sie runde Taler oder stechen Sie Figuren aus. Ihrer Fantasie sind dabei keine Grenzen gesetzt. Legen Sie die Cookies nun auf ein gefettetes oder mit Backpapier ausgelegtes Blech und backen Sie diese im vorgeheizten Ofen circa 10 bis 15 Minuten lang bei etwa 220 Grad. Sollen die Cookies besonders

kross werden, müssen Sie diese noch circa 5 bis 10 Minuten bei 120 Grad im Ofen lassen. Bewahren Sie die Leckerchen in einem Leinen- oder Baumwollbeutel auf, damit sie auch schön knusprig bleiben. Geben Sie dem Teig doch ein paar klein gehackte Kräuter, einen Esslöffel Färberdistelöl oder Futterkalk zu, dann werden die Cookies noch gesünder.

Wer das Gewicht seines Lieblings nicht im Zaum hält, begeht Tierquälerei.

der eiserne Wille des Besitzers, dem Dackelblick zu widerstehen.

Naschereien

Extras sollten immer bei der benötigten Futtermenge für einen Tag mitgerechnet werden. Auch sind nicht alle Snacks für den Hund geeignet. Zuckerhaltige Leckerchen machen nicht nur fett, sondern sind auch noch schlecht für die Zähne. Gut geeignet sind harte Hundekekse, Möhren, Büffelhautknochen, Ochsenziemer und Streifen aus getrocknetem Fleisch oder Pansen. Als Belohnung oder als Nachtisch zur Hauptmahlzeit, bringen sie Beschäftigung und reinigen auch noch das Gebiss.

Tipp!

Füttern Sie nicht zu viel Ein zu gut gefütterter Welpe muss nicht unbedingt dick sein, er ist vielleicht einfach nur zu groß für sein Alter. Auf diese Weise sind aus Zwergdackelwelpen schon häufiger kapitale Dachshunde geworden.

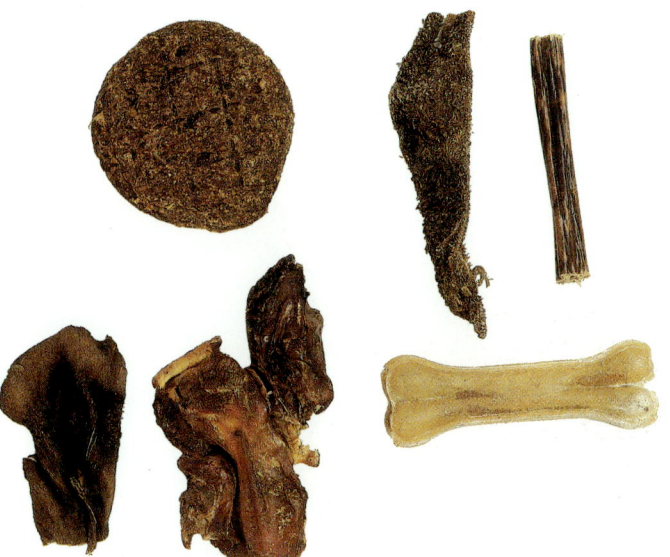

Geben Sie Ihrem Feinschmecker keine zuckerhaltigen Leckerchen! Büffelhautknochen und getrockneter Pansen sind viel gesünder.

Schneeklumpen sollten Sie mit warmem Wasser aufweichen.

Die richtige Pflege

Auch die nicht so anspruchsvollen Dackel müssen regelmäßig gepflegt werden, damit sie gesund und munter bleiben. Doch das ist nur wenig Aufwand verglichen mit der Freude, die Sie an einem aufgeweckten und properen Vierbeiner haben.

Dackelpflege von A bis Z

Gewöhnen Sie Ihren Hausgenossen schon als Welpen an die notwendigen Pflegemaßnahmen, das erspart eine Menge Stress.

Analdrüsen

Rutscht Ihr Dackel mit dem Allerwertesten über den Boden oder „knibbelt" sich ständig am Afterbereich, kann das ein Zeichen für verstopfte Analdrüsen sein. Lassen Sie Ihren Vierbeiner vom Tierarzt untersuchen und, wenn nötig, die Drüsen ausdrücken.

Augen

Manchmal setzt sich etwas Sekret in den Augenwinkeln der Dachshunde ab. Wischen Sie ihn vorsichtig mit einem

Wichtig!

Knochen sind für den Dackel tabu. Er kann davon Verstopfung bekommen und Knochensplitter können zu schweren Verletzungen des Verdauungstraktes führen.

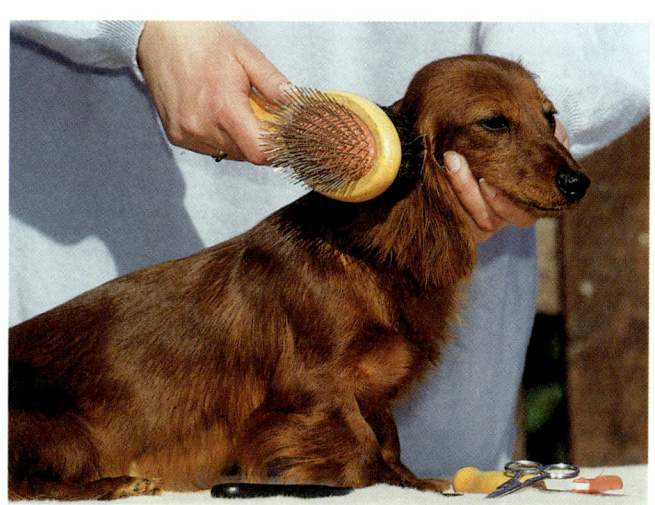

Die meisten Dackel freuen sich darauf, von ihrem Menschen verwöhnt zu werden.

in lauwarmen Kamillentee oder handwarmes Wasser
getränkten weichen Tuch ab, das nicht fusselt.

Baden

Einem gesunden Hund (nicht erkältet, keine offenen Stellen auf der Haut) schadet es nicht, gebadet zu werden.
Wichtig ist, dass Sie ein spezielles Hundeshampoo verwenden, das rückfettend ist, und dass Sie ihn nicht allzu oft in
die Wanne stecken. Häufig reicht es schon, schmutzige
Pfoten mit klarem Wasser abzuspülen. Drei- bis viermal
pro Jahr ist ein Bad durchaus in Ordnung. Sorgen Sie dafür,
dass Ihr Vierbeiner sich danach nicht erkälten kann und
trocknen Sie ihn gut ab.

Fell

Bürsten fördert die Durchblutung der Haut. Deswegen
sollte auch der Kurzhaardackel ein- bis zweimal pro Woche
mit einer nicht zu harten Bürste ausgiebig gepflegt und
zwischendurch immer mal mit dem Fellpflegehandschuh
gestreichelt werden. Beim Langhaardackel neigen die
Haare überall dort, wo sie länger sind, zum Verfilzen. Bürsten Sie Ihren eleganten Vierbeiner mindestens alle drei
Tage gründlich durch. Eine Bürste, auf der einen Seite mit
Naturborsten und auf der anderen mit weichen Metall-
stiften, ist prima geeignet. Auch ein Rauhaardackel sollte
alle drei bis vier Tage gründlich mit einer harten Bürste
gepflegt werden. Einige der rauhaarigen Gesellen haben
langes, manchmal auch weiches Haar, das regelmäßig
getrimmt werden muss.

Krallen

Kontrollieren Sie regelmäßig die Krallen. Sind diese zu
lang, zum Beispiel wenn Sie beim Laufen zu hören sind,
müssen sie gekürzt werden. Im Zoofachhandel gibt es spezielle Krallenzangen. Wichtig ist, dass das Horn nicht split-
tert und keine Blutadern verletzt werden (siehe rechts).
Haben Sie noch keine Erfahrung damit, sollten Sie diese
Arbeit lieber dem Züchter oder dem Tierarzt überlassen.
Ein Dackel, der genug ausgeführt wird, läuft sich die
Krallen selbst ab.

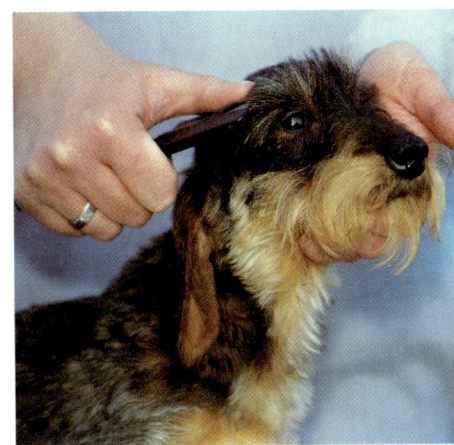

Einige Rauhaardackel müssen
regelmäßig zum Friseur.

Achten Sie beim Krallen schneiden
darauf, dass Sie nicht die Blutader in
der Kralle verletzen.

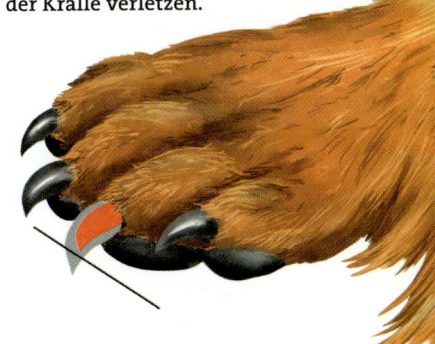

Erprobter Pflegeplan

Täglich

- Nach der letzten Mahlzeit Ihrem Dackel die Zähne putzen.
- Entfernen Sie Verschmutzungen aus dem Fell, besonders im Afterbereich, und kontrollieren Sie, ob Ihr Racker sich Parasiten eingefangen hat (siehe Seite 38).

Mehrmals wöchentlich

- Den Dackel gründlich bürsten.
- Im Winter die Pfoten mit Vaseline einreiben.

Einmal in der Woche

- Pfoten auf Fremdkörper kontrollieren.
- Ohren checken, wenn nötig reinigen.

Einmal im Monat

- Kontrollieren, ob die Krallen zu lang sind, gegebenenfalls kürzen lassen.

Bei Bedarf

- Augen säubern.
- Analdrüsen vom Tierarzt leeren lassen.
- Den Dreckspatz baden oder verschmutzte Stellen ohne Shampoo abspülen.

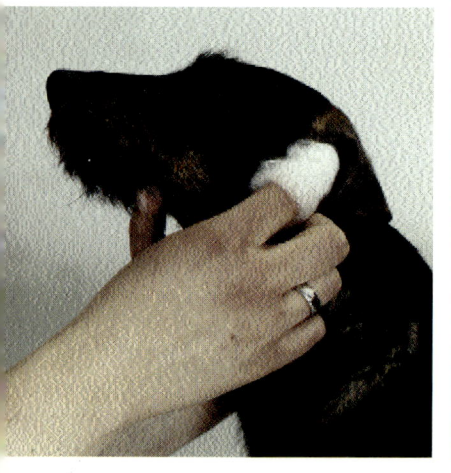

Gehen Sie nur so weit in das Ohr, wie es Ihnen mit dem Tuch über dem Finger möglich ist.

Ohren

Einmal in der Woche müssen die Ohren kontrolliert werden. Verschmutzungen können mit Watte oder einem weichen Tuch, getränkt in speziellem Ohrreinigungsmittel, gereinigt werden. Wegen der Gefahr, etwas im Ohr zu verletzen oder einen Schmalzpfropfen tief in den Gehörgang hineinzuschieben, dürfen Sie keine Wattestäbchen benutzen! Riecht das Ohr unangenehm oder ist es stark verschmutzt, sollten Sie Ihren Dackel dem Tierarzt vorstellen, der es dann auf Erkrankungen oder Parasitenbefall untersuchen kann.

Pfoten

Wenn Ihr Dackel eine Pfote schont, müssen Sie die Fußballen und die Zwischenräume auf Fremdkörper kontrollieren und diese gegebenenfalls entfernen. Verletzungen sollte immer der Tierarzt behandeln.

Beim Langhaardackel kann es vorkommen, dass die Haare zwischen den Ballen zu lang werden. Diese müssen in regelmäßigen Abständen geschnitten werden. Das ist besonders im Winter wichtig, weil sich dann Schnee an den Pfoten verklumpt und dem Hund Schmerzen bereitet. Rissige Ballen können Sie mit Vaseline einreiben.

„Xenia von der Hachelbach" ist topgepflegt.

Zähne

Tägliches Zähneputzen nach der letzten Hundemahlzeit ist Pflicht. Gewöhnen Sie schon den Welpen daran. Gerade bei Hunden, die zu Zahnsteinbildung neigen, verzögern Sie die unangenehme Zahnbehandlung beim Tierarzt, die manchmal sogar unter Narkose ablaufen muss. Auch Kauknochen reinigen das Gebiss.

Impfungen

Jeder verantwortungsvolle Hundebesitzer lässt seinen Vierbeiner gegen die gefährlichsten Infektionskrankheiten impfen. Die Impfungen werden im Impfpass eingetragen. Ist ein ungeimpfter Dackel infiziert, können die meisten der unten aufgeführten Erkrankungen trotz Behandlung zum Tod führen oder schwere Folgeschäden nach sich ziehen. Abgesehen von der Gefährdung ist eine Immunisierung auch für den Besuch von Hundeausstellungen, die Teilnahme an jagdlichen Prüfungen und Fahrten ins Ausland notwendig.

Gegen folgende Krankheiten wird geimpft, das Kürzel in Klammern ist die allgemein übliche Abkürzung: Staupe (S), ansteckende Leberentzündung oder auch Hepatitis c. c. (H), Stuttgarter Hundeseuche oder Leptospirose (L), Parvovirose, umgangssprachlich auch Katzenseuche (P), Zwingerhusten (P) und Tollwut (T).

Impfplan

Mit 8 Wochen:
SHLPP-Grundimmunisierung
Mit 12 Wochen:
SHLPP-Wiederholung plus T
Nach einem Jahr:
SHLPPT-Wiederholung
Danach jedes Jahr:
LT-Wiederholung
Alle 2 Jahre zusätzlich: SHPP
(Ausstellungshunde sollten jedes Jahr SHPP-geimpft werden.)

Tipp!

Erklären Sie Ihrem Kind, dass es seine Hände nach dem Streicheln des Dackels immer waschen muss.

Parasiten

Besonders in der warmen Jahreszeit besteht die Gefahr, dass Ihr kleiner Vierbeiner Opfer von Parasiten wird, die es auf sein Blut abgesehen haben.

Flöhe

Durch sie können Allergien auftreten, Juckekzeme entstehen und Krankheiten übertragen werden. Schwarze Punkte auf der Haut des Dackels, der so genannte „Flohdreck", und natürlich ein Dackel, der sich ständig juckt, sind Anzeichen für Flohbefall. Doch das größte Problem ist nicht der Befall am Hund, wo sich nur bis zu zehn Prozent der Plagegeister aufhalten. Die restlichen verteilen sich im Umfeld, vermehren sich dort und sind nur schwer wieder loszuwerden. Doch es gibt eine ganze Reihe von Mitteln, mit denen Sie die Blutsauger loswerden können. Flohkämme, Flohhalsbänder, ein Medikament, um die Vermehrung der Plagen zu verhindern und medizinische Shampoos, Puder und Sprays rücken den Blutsaugern zu Leibe. Umgebungssprays sollen Hundelager, Teppiche und Sofas flohfrei machen. Fragen Sie den Tierarzt!

Achten Sie darauf, dass Sie auch den Kopf der Zecke erwischen.

Zecken

Besonders Dackel, die viel in Wald und Feld unterwegs sind, bringen öfter solche unschönen Souvenirs mit nach Hause. Auch diese Blutsauger können über ihren Speichel Krankheiten übertragen. Je länger die Zecke schon auf dem Wirt sitzt, desto größer ist die Gefahr, dass Krankheitserreger abgegeben werden. Ebenso, wenn sie unter Stress gerät, also zum Beispiel gequetscht oder mit Alkohol, Öl etc. beträufelt wird. Am besten nehmen Sie eine spezielle Zeckenzange oder eine Pinzette, greifen den Blutsauger am Kopf und ziehen ihn heraus. Bleibt der Kopf in der Haut, entzündet sich die Stelle meistens. Ist die Stelle des Zeckenbisses gerötet, sollten Sie diese mit Antibiotikasalbe behandeln.

Würmer

Sie sind eine Gefahr für Mensch und Hund. Am bekanntesten sind Spul- und Bandwürmer. Sie sollten Ihren Dackel alle drei Monate entwurmen, zusätzlich bei Befall des Vierbeiners (Kotproben geben Aufschluss darüber). Fragen Sie Ihren Tierarzt nach einem Präparat, das gegen verschiedene Wurmarten wirkt.

Erziehung

Auch ein so kleiner Hund wie der Dackel kann Ihnen auf der Nase herumtanzen, wenn er nicht ein Minimum an Erziehung genossen hat. Erziehung darf nicht verwechselt werden mit Dressur. Vielmehr sollten Sie gewollte Verhaltensweisen Ihres Vierbeiners fördern und unerwünschtes Verhalten korrigieren.

Erziehung ist wichtig

Es ist viel einfacher, einem Hund von Anfang an ein gewünschtes Verhalten beizubringen, als später ein bereits erlerntes „Fehlverhalten" wieder zu korrigieren. Loben Sie so viel wie möglich und tadeln Sie nur, wenn absolut nötig. Hunde lernen am besten, wenn sie motiviert sind.

Beim Schnauzgriff drücken Sie mit den Fingern gegen das Zahnfleisch.

Wichtig!

Belohnen Sie nur erwünschtes Verhalten. Ängstliche Reaktionen Ihres Vierbeiners sollten Sie ignorieren. Brechen Sie ein Spiel ab, wenn Ihr Hund zu wild wird oder zu heftig beißt. Sie als Rudelführer bestimmen, wo es langgeht.

Nur durch häufiges Üben stellt sich der gewünschte Lernerfolg ein.

Bis zur 14. Lebenswoche ist Ihr neuer Hausgenosse besonders lernbereit. Nutzen Sie diese Zeit! Erkundigen Sie sich bei den örtlichen Hundevereinen nach Welpenspieltagen. Dort findet der Kleine den wichtigen Kontakt zu Artgenossen.

Loben können Sie, indem Sie Ihren Dackel streicheln, knuddeln, freundlich mit ihm reden, ihm ein Leckerli geben oder mit ihm spielen. Tadeln sollten Sie nur mit Worten oder dem Schnauzgriff (siehe Seite 39). Lob und Tadel müssen aber immer zeitgleich mit dem Ereignis stattfinden, weil Hunde Situationen miteinander verknüpfen und ihr Handeln danach ausrichten. Ein Beispiel: Ihr Racker ist weggelaufen, hat auf Ihr Rufen nicht gehört und kommt nach zwei Stunden wieder zurück zu Ihnen. Nun wäre es ganz falsch, ihn zu bestrafen. Schließlich hat er in diesem Moment doch das gewünschte Verhalten gezeigt, indem er zu Ihnen zurückgekommen ist. Vielmehr muss er überschwänglich gelobt werden. Dann verknüpft er: Zurückkommen gleich Lob.

Das einmal Erlernte muss täglich wiederholt werden. Jedoch werden Sie wenig Erfolg mit dem Unterricht haben, wenn Ihr Vierbeiner sich nicht wohl fühlt, zum Beispiel, weil er vor der Umgebung Angst hat, krank oder überanstrengt ist.

Was der Dackel können sollte

Damit das Zusammenleben mit Ihrem munteren Vierbeiner viel Freude bereitet, sollte er einige Kommandos beherrschen. Doch dieser Ratgeber kann nur Anhaltspunkte geben und nicht abschließend das Thema Erziehung behandeln. Fragen Sie bei dem örtlichen Teckelverein oder

anderen Hundevereinen an, ob diese Begleithundeprüfungen anbieten. Dort können Sie Ihrem Dackel das notwendige Wissen unter Anleitung beibringen.

Alleine bleiben

Mit den ersten Übungen sollten Sie erst anfangen, wenn der kleine Kerl sich nach ein oder zwei Wochen bei Ihnen eingewöhnt hat. Verabschieden Sie sich immer von Ihrem Hund, sagen Sie zum Beispiel: „Sei schön brav, ich komme bald wieder". Gehen Sie nun kurz weg. Bleibt der Kleine liegen, gehen Sie nun zu ihm zurück, loben ihn und geben ihm ein Leckerli. Wollte er Ihnen jedoch nachlaufen, legen Sie ihn wieder ohne Strenge an seinen Platz zurück. Wiederholen Sie die Übung täglich so oft es geht, ohne den Hund jedoch zu überanstrengen. Ändern Sie die Dauer des Wegbleibens – mal kürzer, mal länger. Üben Sie täglich und verlängern Sie Ihr Fortbleiben immer mehr, dann wird sich schon bald der gewünschte Erfolg einstellen.

„Pfui", „Aus" oder „Nein"

Welches der drei Wörter Sie letztendlich verwenden, ist für den Erziehungserfolg ganz gleichgültig. Wichtig ist, dass der Hund damit verbindet, etwas herzugeben, etwas liegen zu lassen oder eine Handlung zu beenden. Suchen Sie sich ein Wort aus, zum Beispiel „Pfui", für Dinge, die Ihr Racker niemals tun darf, und ein anderes Wort, zum Beispiel „Aus", für Sachen, die Ihr Dackel grundsätzlich machen darf, nur in diesem Moment unterlassen soll, so beim Apportieren, wenn er den Ball hergeben muss. Doch erst muss der Welpe einmal lernen, was das gewählte Wort bedeutet. Will er zum Beispiel an Ihrem teuren Perserteppich knabbern, müssen Sie laut und deutlich „Pfui" sagen und ihn daran hindern. Unterlässt er das Knabbern, müssen Sie ihn ausgiebig loben. Am größten ist der Erfolg, wenn das „Pfui" zu Beginn der verbotenen Handlung gesagt wird. Auch hier heißt es wieder, konse-

Dolmetscher Körpersprache

Ohren gespitzt: Aufmerksam, erwartungsvoll. Legt er die Vorderläufe auf den Boden und streckt das Hinterteil in die Höhe, will er spielen.
Ohren angelegt: Meistens Unsicherheit oder Angst.
Schwanz wedeln: Freude.
Eingeklemmter Schwanz: Angst, Verunsicherung oder Unterwürfigkeit.
Locker getragener Schwanz: Der Dackel ist entspannt.
Zähne fletschen: Warnung. Zusätzlich ist der Schwanz angespannt, die Ohren stehen etwas ab und der Hund knurrt. Von solchen Hunden fern halten.
Auf den Rücken legen: Vertrauen oder Demut.

Während der Ausbildung sollten Sie immer ein paar Lieblingshäppchen bei sich haben, um im richtigen Moment belohnen zu können.

„Von Süßigkeiten werde ich dick und bekomme schlechte Zähne. Wenn du mir ein Leckerli geben willst, freue ich mich über eine Möhre oder eine Kaustange."

Beherrscht Ihr Liebling das Kommando „Komm", kann es ihm das Leben retten.

quent zu sein, und nicht aus Bequemlichkeit dem Hund doch mal etwas durchgehen zu lassen.

Betteln

Das wichtigste dabei ist Ihr Durchhaltevermögen. Lassen Sie sich nicht vom sehnsüchtigen Dackelblick „weich kochen", während Sie am Tisch sitzen und sich Ihre Mahlzeit schmecken lassen. Ein „heruntergefallenes" Häppchen, und der Dackel wird bald seinen Anteil einfordern. Geben Sie Ihrem Vierbeiner sein Fressen, bevor Sie sich zu Tisch setzen, dann muss er Ihnen nicht hungrig zuschauen. Bettelt er dann doch, schicken Sie ihn in sein Körbchen.

„Komm" oder „Hier"

Auch hier bleibt es wieder Ihnen überlassen, welches der beiden Kommandos sie verwenden wollen. Um das Herkommen mit dem Dackel zu trainieren, sollten Sie ein Leckerchen oder ein Lieblingsspielzeug bereithalten. Warten Sie, bis der Kleine sich einige Meter von Ihnen entfernt hat, rufen Sie seinen Namen, um seine Aufmerksamkeit zu wecken, und zeigen Sie ihm das Leckerchen. Wenn er sich auf den Weg zu Ihnen macht, rufen Sie mehrmals „Komm", bis er bei Ihnen ist. Dann wird er ausgiebig gelobt und bekommt sein Leckerli. Das nächste Mal rufen Sie erst „Komm", gehen dann in die Hocke und rufen, solange der kleine Dackel unterwegs ist, immer wieder „Komm". Immer, wenn er bei Ihnen angelangt ist, muss er dann seine Belohnung bekommen und gelobt werden. Auf keinen Fall dürfen Sie dem Racker nachlaufen, wenn er ein Spiel daraus machen möchte. Er muss zu Ihnen kommen!

„Sitz"

Stellen Sie sich vor Ihren Teckel und halten Sie ein Leckerchen hoch in die Luft. Manchmal brauchen Sie etwas Geduld, doch schon bald wird er sich von alleine hinsetzen. Das ist dann der richtige Moment, um „Sitz" zu sagen. Danach geben Sie ihm sein Leckerchen und loben ihn. Manchmal müssen Sie zur Unterstützung auch einen leichten Druck auf das Hinterteil ausüben, oft reicht auch ein leichtes Antippen. Das Kommando wird von Ihnen

Leckerchen sind nur eine Erziehungs-
hilfe. Sitzt ein Kommando, freut sich
Ihr Dackel genauso über ausgiebige
Streicheleinheiten.

durch die Belohnung wieder aufgehoben und die Übung
ist beendet. Auch hier bringen nur viele Wiederholungen
den gewünschten Lernerfolg.

Beginnen Sie mit dem Üben eines
neuen Kommandos erst, wenn Ihr
Dackel die anderen beherrscht.

„Platz"

Wenn Ihr Dackel sitzt, nehmen Sie ein Leckerchen und bewegen es auf dem Boden hin und her. Früher oder später
wird sich Ihr Dackel hinlegen. Dann müssen Sie ihn belohnen. Üben Sie das immer wieder, bis der kleine Kerl das
Kommando intus hat. Kombinieren Sie „Sitz" und „Platz",
das Leckerchen gibt es immer am Schluss der Übung.

„Bleib"

Wenn Ihr Dackel sitzt, halten Sie ihm die Handfläche ent-
gegen und sagen „Sitz und Bleib". Während der Hund sitzt,
wiederholen Sie immer das Kommando „Sitz und Bleib".
Dann heben Sie den Befehl auf, indem Sie den braven Kerl
ausgiebig loben und ein Leckerchen geben. Will Ihnen der
kleine Racker jedoch nachlaufen, brechen Sie die Übung
ab und setzen ihn wieder auf seinen Platz zurück. Auch
dieses Training, das genauso gut mit dem Kommando
„Platz" kombiniert werden kann, muss häufig wiederholt

Tipp!

Unterstützen Sie Ihre Komman-dos immer durch Handzeichen. Dann haben Sie eine Möglich-keit mehr, sich Ihrem Hund mitzuteilen.

werden. Verändern Sie dabei immer die Dauer und die Entfernung zum Hund.

„Fuß"

Der Welpe muss sich zuerst an das Halsband gewöhnen. Ziehen Sie es ihm zu Hause einfach immer mal für ein paar Stunden an. Er wird zwar daran kratzen und sich schütteln, doch bald hat er es vergessen. In gewohnter Umgebung geht es dann weiter. Ziehen Sie dem Welpen die Leine an und locken Sie ihn mit einem Leckerchen zu sich und geben Sie es ihm dann. Versuchen Sie, ihn durch das Leckerli zu animieren, auf Ihrer Schritthöhe zu bleiben, während Sie weitergehen. Panikt der Kleine oder will er vorpreschen, bleiben Sie einfach stehen. Der kleine Ausreißer wird dann schon bald merken, dass das nichts bringt. Geht er schön neben Ihnen, sagen Sie „Fuß", geben ihm wie üblich ein Leckerli und loben ihn. Wenn Sie viel üben, werden Sie schon bald einen Hund haben, der prima an der Leine geht.

Gesundheitskontrolle

Während des Besuchs beim Tierarzt oder auf Hundeausstellungen wird Ihr Vierbeiner es sich gefallen lassen müssen, dass fremde Menschen in sein Gebiss oder seine Ohren schauen, ihn am ganzen Körper anfassen oder sogar eine Spritze geben. Kontrollieren Sie öfter mal Gebiss oder Ohren, tasten Sie Körper, Beine, Pfoten und den Schwanz immer wieder ab und loben Sie Ihren Hund, wenn er sich dabei ruhig verhält. Sträubt er sich heftig, ist auch mal ein deutliches „Nein" fällig.

Im Auto

Weisen Sie dem Dackel einen sicheren Platz im Auto zu, zum Beispiel im Fußraum des Beifahrerplatzes, gut verpackt in einem Hundesicherheitsgurt auf dem Rücksitz oder in einer mit einem Sicherheitsgurt fixierten Transportbox. Am Anfang üben Sie, wenn das Auto steht. Verhält sich der Hund an seinem Platz ruhig, was Sie mit dem Kommando „Bleib" unterstützen können, wird er belohnt. Klappt das, fahren Sie nur einmal um den Block, um den

Gewöhnen Sie Ihren Dackel von klein auf an die wichtigen Gesundheitskontrollen.

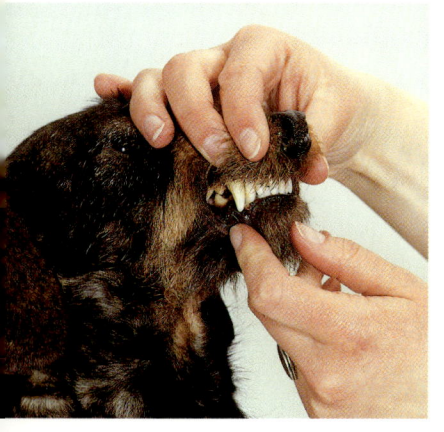

Hund langsam daran zu gewöhnen. Fühlt sich der Dackel sicher, können Sie immer längere Fahrten wagen.

Freizeit mit dem Dackel

Ein und derselbe Dackel kann ein ruhiger Gesellschafter, ein intelligenter Jagdgehilfe, ein mutiger Beschützer, ein ambitionierter Sportler und ein hingebungsvoller Schmuser sein. Das macht unsere Dachshunde zu einem der vielfältigsten Rassehunde.

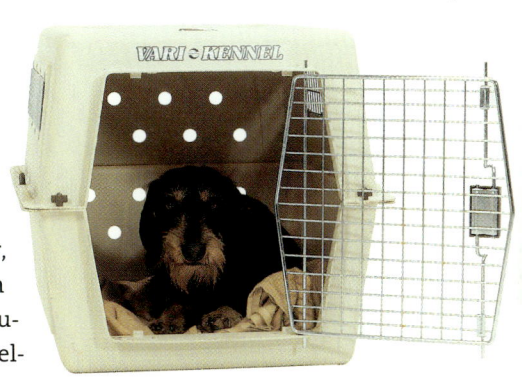

In einer Transportbox ist Ihr Racker während der Fahrt gut aufgehoben.

Rücksicht nehmen

Die Ansichten in der Gesellschaft über die Hundehaltung spalten sich immer mehr. Zum einen versuchen die Hundehalter, Ihren Vierbeinern dank des neuen Wissens über artgerechte Haltung das bestmögliche Umfeld zu bieten, auf der anderen Seite werden die Besitzer und ihre Hunde immer mehr ins Abseits gerückt. Letzteres liegt sicherlich auch daran, dass viele Herrchen und Frauchen sich anderen gegenüber recht rücksichtslos verhalten oder nur mit einem Halbwissen handeln. Solche Sprüche wie: „Alle Hunde vertragen sich, wenn sie nicht angeleint sind" oder „Der macht nichts" oder „Der will nur spielen", während deren Hund zähnefletschend auf einen Passanten zurennt, zeugen nur von wenig Sachverstand oder mangelnder Sensibilität. Vielleicht hat der Passant panische Angst vor Hunden, dann nützt es ihm nichts, wenn die vermeintliche „Bestie" nur spielen will, und bestimmt hat der andere Hundehalter auch einen triftigen Grund, warum er seinen Fiffi nicht von der Leine lässt.

Mehr Spaß zu zweit! Verabreden Sie sich doch mit anderen Hundebesitzern für die tägliche Runde.

Versuchen Sie Situationen zu erkennen, die für Sie, Ihren Dackel, andere Menschen oder Tiere problematisch werden könnten. Nehmen Sie Rücksicht und leinen Sie Ihren Racker dann an. Auch ein Teckel kann auf Passanten, die generell Angst vor Hunden haben, Furcht einflößend wirken. Ein gut erzogener Dackel ist fast überall ein gern gesehener Gast.

Bevor Sie mit Ihrem Dackel „Leistungssport" betreiben, sollte ihn der Tierarzt gründlich durchchecken.

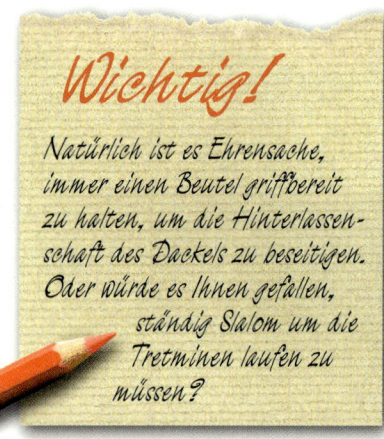

Wichtig!

Natürlich ist es Ehrensache, immer einen Beutel griffbereit zu halten, um die Hinterlassenschaft des Dackels zu beseitigen. Oder würde es Ihnen gefallen, ständig Slalom um die Tretminen laufen zu müssen?

Spaziergänge

Täglich dreimal kurz um den Block, damit Waldi sein Geschäft erledigen kann – wer sich das so einfach vorstellt, sollte lieber die Finger von einem Dackel lassen! Auch wenn Teckel sehr kleine Vierbeiner sind, brauchen sie trotzdem viel Auslauf. Drei- bis viermal an jedem Tag muss er Gassi geführt werden, wobei Sie einen großen Spaziergang von mindestes einer Stunde einplanen sollten – insgesamt nicht weniger als zwei Stunden. Dabei muss Ihr tierischer Freund genug Gelegenheiten haben, die neusten „Hunde-News" zu lesen und mit Artgenossen zu spielen.

Sportsfreund Dackel

Dackel sind sehr ausdauernde Hunde, die sich manchmal auch etwas zu viel zutrauen. Gegen lange Spaziergänge ist nichts einzuwenden, ein Marathon sollte jedoch nicht daraus werden. Auch wenn Sie begeisterter Jogger oder Radfahrer sind, sollten Sie immer mal eine Verschnaufpause für Ihren Vierbeiner einlegen. Denn durch seinen eisernen Willen, mit Ihnen mitzuhalten, wird er vielleicht seine Grenzen überschreiten.

Besonders beliebt bei den Dackeln sind die Hol- und Bringspiele; mancher der kleinen Racker entwickelt dabei eine unglaubliche Ausdauer. Achten Sie jedoch bitte darauf, dass Sie nichts werfen, was den Hund gefährden könnte. Tabu sind Steine und Äste, Sie könnten versehentlich den Hund treffen. Und wenn der Dackel versucht, den Stock zu fangen, kann er sich das spitze Ende in den Rachen rammen. Verwenden Sie lieber einen Apportierdummy, eine geknotete Kordel oder andere Spielzeuge, bei denen keine Verletzungsgefahr besteht.

In den letzten Jahren ist der Hundesport Agility immer beliebter geworden. Vier- und Zweibeiner durchlaufen gemeinsam einen Parcours, wobei der Hund unter Anleitung von Herrchen oder Frauchen verschiedene Hindernisse bewältigen muss. Egal, ob es eine Hürde, ein Tunnel oder

Für die kurzbeinigen Dackel mit ihrem langen Rücken müssen die Hindernisse angepasst werden. Hohes und weites Springen muss vermieden werden.

Wichtig!

Egal, wie Ihr Liebling bei einer Ausstellung abschneidet, für Sie sollte er immer der schönste und liebste Hund bleiben.

ein Laufsteg ist, wichtig ist die exakte Ausführung. Einige Ortsgruppen des DTK bieten spezielles Dackel-Agility an, das genau auf die Besonderheiten der kleinen Vierbeiner abgestimmt ist.

Begleithundeprüfung

Jeder Hundebesitzer sollte mit seinem Vierbeiner die Lehrgänge zur Begleithundeprüfung (BHP) mitmachen. Das Zertifikat, das nach bestandener Prüfung vergeben wird, ist im Grunde der schriftliche Nachweis für einen „gesellschaftsfähigen" Hund. In den verschiedenen Kursen werden die Gehorsamkeit, das Verhalten des Dackels im Straßenverkehr und in der Öffentlichkeit geübt sowie die speziellen Talente des kleinen Jagdhundes, zum Beispiel der Spürsinn, gefördert. Viele Ortsgruppen des Deutschen Teckelklubs bieten diese Lehrgänge an.

Der Richter untersucht die Schönheit ganz genau.

Ausstellungen

Auf Ausstellungen werden die vorgeführten Dackel nach der Anatomie, dem Haarkleid und der Wesensfestigkeit beurteilt sowie auf zuchtausschließende Fehler untersucht. Dieser Vergleich mit dem Rassestandard soll gewährleisten, dass nur gesunde, schöne und vor allem keine ängstlichen Hunde in die Zucht aufgenommen werden. Nachdem der Dackel dem Zuchtrichter während des Laufens, im Stand und zur Untersuchung vorgestellt wurde, gibt es die

Johanna und Theresa müssen für das Juniorhandling noch ein bisschen üben, denn dabei kommt es auf die Einheit von Kind und Hund an. Der Junior muß mit seinem Dackel vorgeschriebene Figuren möglichst exakt ausführen. Wer dafür ein Händchen hat, kann sogar international Karriere machen.

Checkliste Urlaub

- Leine und Halsband (eventuell auch Ersatz mitnehmen)
- Anhänger für das Halsband mit Namen des Hundes, Heimat- und Urlaubsadresse und Telefonnummern
- Impfpass
- Versicherungs- und Telefonnummer der Tierhaftpflichtversicherung
- Futter- und Wassernapf
- Gewohnte Nahrung für den Hund
- Eventuell auch Dosenöffner
- Löffel
- Kamm und Bürste
- Gewohnte Decken und Kissen
- Gewohntes Spielzeug
- Kauknochen
- Tüten oder Sets, um die „Hinterlassenschaften" des Hundes zu beseitigen
- Reiseapotheke für den Hund (fragen Sie Ihren Tierarzt)
- Zahnbürste und Zahnpasta für den Hund
- Zeckenzange/Pinzette

Note. Die Höchstnote „vorzüglich" kann ein Teckel erst im Alter von 15 Monaten erhalten, wenn er in der „Offenen Klasse" vorgeführt wird. Weiterhin gibt es noch die „Jüngstenklasse" für Dackelkinder von sechs bis neun Monaten, die „Jugendklasse" für neun bis fünfzehn Monate alte Nachwuchsteckel, die „Seniorenklasse", wo die in Ehren ergrauten, mindestens acht Jahre alten Teckel es dem Jungvolk noch einmal zeigen können und die Siegerklasse, in der sich die bereits ausgezeichneten Dachshunde untereinander messen. Termine erfahren Sie beim örtlichen Dackelverein.

Auf der Jagd

Auch heute noch ist der Dachshund für viele Jäger ein unentbehrlicher Helfer. Doch es ist noch kein Meister vom Himmel gefallen, und natürlich muss auch der talentierteste Dackel die hohe Kunst der Jagd erst erlernen. Die Ortsgruppen des DTK bieten häufig Kurse an, in welchen zum Beispiel das Verfolgen einer Schweißfährte oder das spurlaute Jagen von Wild unter Anleitung geübt werden kann.

Urlaub

In vielen Hotels, Ferienhäusern oder auf Campingplätzen sind gut erzogene Vierbeiner gern gesehene Gäste. Sie soll-

ten bereits bei der Buchung abklären, ob in Ihrem Ferien-
domizil Hundehaltung erlaubt ist. Reisen Sie mit dem Auto
an, sollten Sie darauf achten, dass Ihr Teckel weder Zugluft
noch großer Hitze ausgesetzt ist. Im Flugzeug gilt Ihr
Leichtgewicht meistens als „Handgepäck".

Liegt Ihr Ziel in fernen oder heißen Ländern, sollte genau
überlegt werden, ob das der richtige Urlaubsort für Ihren
Hund ist. Die lange Reise oder die klimatischen Bedingun-
gen können enormen Stress für den sonst so robusten
Vierbeiner bedeuten. In manchen Ländern ist die Einreise
eines Hundes sogar mit einer langen Quarantäne verbunden.

Meistens wird zumindest eine gültige Tollwutimpfung
oder ein amtstierärztliches Gesundheitszeugnis verlangt.
Erkundigen Sie sich bereits im Reisebüro, welche Auflagen
Ihr Urlaubsland für die Einreise eines Hundes vorgibt.

Haben Sie sich dazu entschieden, ohne Ihren Liebling zu
verreisen, müssen Sie sich frühzeitig nach einem Hundesitter umsehen. Am besten geeignet ist jemand, der den
kleinen Racker schon kennt, zum Beispiel jemand aus Ihrer
Verwandtschaft oder Ihrem Freundeskreis. Vielleicht
kennen Sie auch andere Hundebesitzer, mit denen Sie eine
Hundebetreuung auf Gegenseitigkeit organisieren
können. Gibt es diese Möglichkeiten nicht, nimmt vielleicht der Züchter den Dackel in Urlaubspflege, ansonsten
müssen Sie sich rechtzeitig um einen Platz in einer guten
Hundepension kümmern.

Denken Sie auf jeden Fall daran, eine Liste mit Instruktio-
nen und Ihrer Telefonnummer beim Hundesitter zu hinterlassen.

Nachwuchs

Dieses Kapitel soll keine Anleitung zur erfolgreichen Hun-
dezucht sein, sondern vielmehr hinterfragen und Anre-
gungen geben.

Gebrauchshundeprüfung

Der ausgebildete Dachshund kann
seine Passion bei den Gebrauchs-
prüfungen unter Beweis stellen,
zum Beispiel gibt es die
- Schussfestigkeitsprüfung: Der
  Dackel darf keine Angst vor dem
  lauten Knall haben.
- Spurlautprüfung: Er muss bellend
  die Spur eines aufgescheuchten
  Hasen verfolgen, ohne das Tier zu
  sehen.
- Stöberprüfung: Der Teckel muss
  Wild aufjagen (aufstöbern) und
  ihm bellend nachstellen.
- Schweißhundprüfung auf künst-
  licher Wundfährte: Es wird eine
  Schweißfährte (Blutfährte) gelegt, die der Dackel sicher verfolgen muss.
- Vielseitigkeitsprüfung: Diese Prüfung, die als die schwierigste gilt,
  verbindet Schweiß-, Stöber- und
  Spurlautarbeit, Leinenführigkeit
  und Gehorsam.

Nach bestandener Schweißprü-
fung wird der Dachshund mit
Eichenlaub dekoriert.

Welpen aufziehen bedeutet viel Arbeit und Verantwortung zu übernehmen.

Wichtig!

Kein Grund zur Kastration sind die Blutungen der Hündin während der Hitze. Wer sich daran stört, sollte lieber auf die Anschaffung eines Dackelmädchens verzichten!

Shiras genießt die Morgensonne.

Grundsätzliches

Es geht noch immer das Märchen um, dass eine Hündin, die nicht wenigstens einmal in ihrem Leben einen Wurf hatte, scheinträchtig wird. Das ist falsch! Eine Hündin, die dazu neigt, wird scheinträchtig, egal ob sie Mutter ist oder nicht. Kein Grund, Dackelnachwuchs großzuziehen. Es kann Komplikationen während der Schwangerschaft oder der Geburt geben, die das Leben der Hündin gefährden und eine teure Behandlung notwendig machen.

Anforderungen

Züchten sollte man nur mit gesunden, kräftigen und wesenssicheren Hunden, die mindestens 15 Monate alt sind und Ahnentafeln eines dem VDH oder FCI (siehe Seite 60) angeschlossenen Vereins haben. Die Zulassung erhält der Dackel auf einer Zuchtschau (siehe Seite 47). Schließen Sie sich einem VDH-Verein an, wenn Sie züchten wollen. Der DTK hat ein flächendeckendes Ortsgruppennetz. Nähere Auskünfte erhalten Sie vom Zuchtwart oder den Züchtern der örtlichen Teckelgruppe.

Familienglück bei den Kurzhaardackeln „vom Krummholz". Eine Normalteckelhündin kann durchaus sieben Junge bekommen, für alle muss ein guter Platz gefunden werden.

Empfängnisverhütung beim Dackel

Es gibt verschiedene Methoden, unerwünschten Dackelnachwuchs zu vermeiden. Mit einer hormonellen Behandlung kann man das Auftreten einer Hitze bei der Hündin verhindern. Doch diese Therapie ist sehr belastend für den Körper und erhöht das Risiko einer Gebärmutterentzündung oder von Tumoren im Gesäuge. Es soll neue Mittel geben, die verträglicher sind, doch da fragen Sie am besten den Tierarzt nach seinen Erfahrungen.

Unter einer Sterilisation versteht man das Durchtrennen oder Verkleben der Eileiter bei der Hündin und die Trennung der Samenleiter beim Rüden. In der Tiermedizin wird aber meistens, auch bei Hündinnen, eine Kastration durchgeführt. Dabei werden bei der Hündin die Eierstöcke und die Gebärmutter und dem Rüden die Hoden entfernt.

Bei Mama schmeckt's am besten.

Die Gefahr von Gesäugekrebs ist gleich null, wenn das Hundemädchen vor der ersten Hitze kastriert wird. Doch auch ein Rüde, der ständig von zu Hause ausreißt, um die Damen der Nachbarschaft zu beglücken, sollte kastriert werden. Zu groß ist die Gefahr, dass er, „blind vor Liebe", unter ein Auto läuft oder unzählige Nachkommen zeugt, die dann später wieder im Tierheim landen.

Gesundheitsvorsorge und Krankheiten

Auch wenn Sie Ihren Dackel noch so gut pflegen, kann er trotzdem einmal krank werden. Die beste Chance auf schnelle Genesung haben die geliebten Vierbeiner, wenn eine Störung möglichst früh erkannt wird.

Krankheiten vorbeugen

Kleine Unpässlichkeiten können Sie aber auch selbst behandeln. Durch richtige Ernährung Ihres Teckels, gute Pflege, viel Auslauf, vorbeugende Impfungen und Wurmkuren können Sie vielen Krankheiten Paroli bieten.

Die Hausapotheke

Um leichte Erkrankungen selbst zu behandeln oder dem Patienten erste Hilfe leisten zu können, sollten Sie immer eine Hausapotheke für Ihren Hund griffbereit halten. Kontrollieren Sie die Apotheke (siehe rechts) in regelmäßigen Abständen auf Vollständigkeit oder abgelaufene Medikamente.

„Wann darf ich wieder toben?"

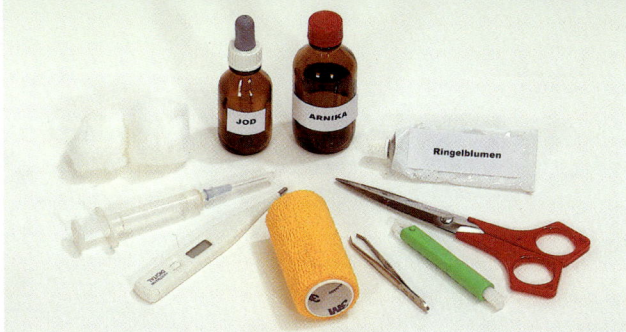

Die Hausapotheke muss immer griffbereit sein.

Erste Anzeichen

Wenn Sie sich viel mit Ihrem Dackel beschäftigen, wird es Ihnen schnell auffallen, ob er sich anders verhält als sonst. Sollten Sie etwas Ungewöhnliches feststellen, muss der Ursache für dieses Verhalten auf den Grund gegangen werden.

- Trinkt er mehr? Wenn Trockenfutter auf dem Speiseplan stand, ist das ein ganz normales Verhalten.
- Schläft er mehr? Vielleicht war der vorhergehende Tag sehr anstrengend und Ihr Hund holt nur etwas Schlaf nach.
- Ist er lustlos? Im Sommer leiden auch die Vierbeiner unter der Hitze und schonen sich.
- Schüttelt er ständig die Ohren? Vielleicht hat sich ein Grashalm in die Ohrmuschel verirrt, der leicht wieder zu entfernen ist.
- Kratzt er sich viel? Eventuell hat sich ein Ästchen in den Haaren verfangen und stört den Hund.
- Hat er unangenehmen Mundgeruch? Wenn es zum Abendessen eine frische Portion Pansen gegeben hat, riecht das nun mal so.
- Schont er eine Pfote? Vielleicht steckt ein Steinchen zwischen den Zehen.
- Hat er Durchfall? Eine Futterumstellung bringt das manchmal mit sich.
- Erbricht er? Die meisten Hunde erbrechen, nachdem sie Gras gefressen haben.

Handelt es sich um so eine simple Erklärung, können Sie die Ursache schnell selbst beseitigen oder warten, bis sich Ihr Racker wieder normal verhält. Doch leider ist der Grund nicht immer so schnell gefunden oder so harmlos. Bevor Sie

Hausapotheke

Die Hausapotheke muss immer griffbereit sein. Als Grundausstattung sollten vorhanden sein:

Schere, Verbandmull, elastische Binde, Gazetupfer, Watte, Pflaster, Pinzette, Jodsalbe, Jodtinktur, Antiseptische Lösung, Arnikatropfen mildern Schmerzen, Ringelblumensalbe hat eine Wirkung wie Heilsalbe, zusätzlich noch Brandsalbe, Paraffinöl, Fieberthermometer, Gel-Packung, mit der man wärmen und kühlen kann.

Wichtig!

Wird Ihre Hündin gedeckt, obwohl Sie keinen Dackelnachwuchs haben wollen, dürfen Sie die Tiere auf keinen Fall während des Deckaktes trennen. Bringen Sie Ihre Hündin anschließend zum Tierarzt.

Fragen, die der Tierarzt stellen kann

- Wie alt ist der Dackel?
- Seit wann haben Sie ihn?
- Bei einer Hündin: Wann war die letzte Hitze?
- Benimmt sich der Hund anders als sonst? Wie zeigt sich das? Seit wann hat er dieses Verhalten?
- Hat er Schmerzen? Wann?
- Woran erkennen Sie das?
- Trinkt er viel? Wie viel?
- Frisst er weniger?
- Was hat er zuletzt gefressen? Wann?
- Hat er Durchfall?
- Wie sieht der Kot aus (Nach Möglichkeit Kotprobe mitnehmen)?
- Wann hat er zuletzt uriniert?
- Wie sah der Urin aus?
- Hat er erbrochen? Wie oft?
- Hustet er? Niest er?
- Schläft er viel?
- Welche Erkrankungen hatte der Dackel bisher?
- Welche Medikamente musste oder muss er einnehmen?
- Hatte er Kontakt zu anderen kranken Hunden oder Menschen?

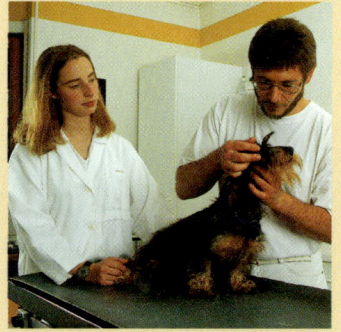

Einmal im Jahr sollte jeder Dackel gründlich untersucht werden.

ohne gesicherte Diagnose einfach an Ihrem Vierbeiner herumdoktern, sollten Sie lieber einen Tierarzt zu Rate ziehen.

Beim Tierarzt

Dauert das ungewohnte Verhalten länger als einen Tag an, ist der Tierarztbesuch angesagt. Bereiten Sie sich so gut es geht darauf vor und versuchen Sie dem Tierarzt so viele Infos wie möglich zu geben (siehe Kasten links). Am besten, Sie notieren sich die Telefonnummer eines Tierarztes bereits, bevor der Vierbeiner krank ist. Dann müssen Sie im Notfall nicht lange danach suchen.

Medikamente

Ob Tropfen, Tabletten, Lotionen oder Salben, auf die richtige Anwendung der Medikamente kommt es an. Üben Sie die Eingabe von Tabletten auch schon beim jungen Dackel. Nehmen Sie ein kleines Leckerchen, öffnen Sie weit das Maul des Hundes und legen Sie die Leckerei so weit nach hinten auf die Zunge wie möglich. Halten Sie nun den Fang zu und massieren Sie den Hals. Dem Hund bleibt gar nichts anderes übrig als zu schlucken. Sie können die Tablette auch verpackt in einem Stück Wurst oder Käse anbieten. Mit Tropfen ist das schon einfacher. Ziehen Sie einfach eine Lefze zur Seite und geben die Tropfen hinein. Anschließend halten Sie die Schnauze zu. Sind die Tropfen für die Augen bestimmt, ziehen Sie vorsichtig das untere Lid etwas ab und träufeln das Medikament ein. Genauso verabreichen Sie auch Augensalben. Doch Vorsicht: Sie dürfen dabei den Augapfel oder die Bindehaut nicht berühren! Paste, die der Dackel schlucken soll, streicht man ihm auf die Zunge. Wurden Ohrentropfen oder eine Lotion verordnet, machen Sie die Ohrmuschel frei, führen Sie die Dosierspitze ein und geben Sie die benötigte Menge in den Gehörgang. Achten Sie darauf, dass die Tropfen oder die Lotion handwarm sind. Halten Sie das Ohr danach zu und massieren Sie es leicht. Doch Vorsicht: Führen Sie die Dosierspitze niemals so tief in das Ohr ein, dass es verletzt werden könnte!

Krankheiten und ihre Behandlung

Die Beschreibungen auf den nächsten Seiten können nur Anhaltspunkte sein, keine Anleitung zur Selbstbehandlung. Hausmittel dürfen Sie nur anwenden, wenn die Erkrankung nicht schwer ist oder als Ergänzung zur schulmedizinischen Behandlung. Im Zweifelsfall sollten Sie die Therapie immer mit dem Tierarzt absprechen. Wenn Ihr Dackel hohes Fieber bekommt, muss er schnellstens zum Arzt gebracht werden. Eine Temperatur von 38 bis 39 Grad Celsius ist normal, alles, was darüber hinaus geht, ist Fieber. Hohes Fieber liegt ab 39,5 Grad Celsius vor. Gemessen wird mit einem Thermometer im After. Führen Sie es immer sehr vorsichtig ein, damit Sie den Hund nicht verletzen.

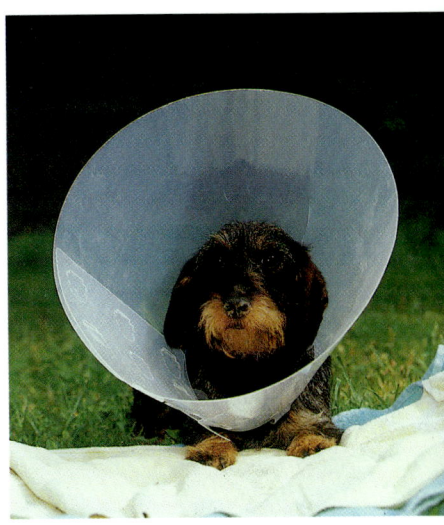

Eine Halskrause verhindert, dass der Patient sich die Fäden selbst zieht.

Die am meisten gefürchtete Krankheit des Menschen ist Krebs. Auch unsere Vierbeiner bleiben davon nicht verschont. So viele verschiedene Krebsarten es gibt, so viele verschiedene Symptome gibt es auch und es lässt sich keine Verallgemeinerung treffen. Ein Warnsignal ist es, wenn der Dackel ohne erkennbaren Grund viel Gewicht verliert oder wenn Sie Knötchen an der Haut oder an der Milchleiste tasten. Dann sollten Sie den Hund schnellstens beim Tierarzt vorstellen. Denn wie bei allen Krankheiten gilt auch hier, dass die größte Chance auf Heilung besteht, wenn die Erkrankung früh erkannt wird.

Rassespezifische Erkrankungen

Neben den Erkrankungen, die unabhängig von der Rasse jeden Hund treffen, gibt es noch die Krankheiten, die vermehrt bei bestimmten Rassehunden auftreten können. Ein seriöser Züchter weiß darum und wird aus diesem Grund nur mit Vierbeinern züchten, die nachweislich frei von dieser Krankheit sind. Doch er wird Ihnen niemals eine Garantie darauf geben können, dass der Zögling im Laufe seines Lebens immer gesund bleibt. Er kann lediglich die besten Voraussetzungen dafür bieten.

Erste Hilfe

- Einem bewusstlosen Dackel müssen Sie Luft verschaffen. Ziehen Sie die Zunge aus dem Mund heraus und bringen Sie ihn in die Seitenlage. Der Kopf sollte tiefer gelagert werden als der Körper.
- „Mund-zu-Nase-Beatmung" ist notwendig, wenn der Dackel nicht mehr atmet. Statt wie beim Menschen in den Mund, pusten Sie die Luft beim Hund in die Nasenlöcher.
- Für den Fall des Herzstillstandes sollten Sie eine Herzmassage durchführen. Dabei drücken Sie nur kurz in immer gleichen Abständen auf den Brustkorb.

Die häufigsten Krankheiten

Durchfall
Symptome: Breiiger bis wässriger Kot, manchmal auch mit Schleim oder Blut versetzt.
Ursache: Ungewohntes Futter, Kot- oder Schneefressen, Aufregung, Infektion oder Entzündung des Darmes.
Hausmittel: Verschiedene homöopathische Mittel (fragen Sie Ihren Tierarzt), einen Fastentag einlegen, danach eine Diät mit gekochtem Hühnchenfleisch und Reis, viel Wasser oder Kamillentee mit einer Prise Salz anbieten, dem Futter geriebene Äpfel oder Möhren beimengen.
Behandlung: Hält der Durchfall länger als 24 Stunden an oder ist er mit Blut versetzt oder ist der Allgemeinzustand des Hundes Besorgnis erregend, sofort den Vierbeiner beim Tierarzt vorstellen.

Verstopfung
Symptome: Der Dackel versucht unter starkem Pressen und ohne Erfolg, Kot abzusetzen, oder er hat schon zwei oder drei Tage lang kein großes Geschäft mehr gemacht.
Ursache: Falsches Futter, Fremdkörper im Darm, Darmverschluss.
Hausmittel: Milch oder rohe Rinderleber geben, zusätzlich pro Kilo Körpergewicht zwei Milliliter Paraffinöl. Hat der Patient einen Fremdkörper verschluckt, Sauerkraut und Kartoffelbrei geben.
Behandlung: Hat der Hund auf diese Behandlung innerhalb von kurzer Zeit nicht angesprochen oder ist auch der Allgemeinzustand nicht in Ordnung oder kommt noch Erbrechen hinzu, sofort den Tierarzt aufsuchen!

Erbrechen
Symptome: Erbrechen von Nahrung oder Flüssigkeit, manchmal mit Blut versetzt.
Ursache: Verdorbenes Futter, Gras-, Schnee- oder Kotfressen, Allergie, Wurmbefall, zu viel Magensäure, Mandel- oder Rachenentzündung, Magendarm-Infektion oder Entzündung, Organerkrankung, Darmverschluss, Vergiftung.
Hausmittel: Mehrmals täglich kleinere Portionen füttern. Ist verdorbenes Futter, Schnee- oder Kotfressen der Grund, einen Fastentag einlegen und dann Diät wie oben.
Behandlung: Hält der Brechreiz jedoch länger als 24 Stunden an oder erbricht der Hund ständig, obwohl der Magen geleert ist, oder bei schwachem Allgemeinzustand, sofort zum Tierarzt.

Vergiftungen
Symptome: Vermehrter Speichelfluss, Erbrechen, eventuell mit Blut, Durchfall, keine Koordination in der Bewegung, Hautausschlag, Apathie, Zuckungen oder Koma.
Ursache: Der Dackel ist mit einer für ihn giftigen Substanz in Berührung gekommen oder hat diese gefressen (Chemikalie, Medikamente, giftige Pflanzen, Zigaretten, Rattengift, Insektizide, Giftköder etc.)
Behandlung: Bringen Sie den Hund sofort zum Tierarzt. Wenn möglich, die Packung oder eine Probe des Giftes mitnehmen.

Sonnenstich
Symptome: Zittern, Erbrechen, Bewusstlosigkeit, Krämpfe, Atemnot.
Ursache: Der Hund war zu lange praller Sonne oder Hitze ausgesetzt, zum Beispiel im Auto.
Hausmittel: Schatten aufsuchen, Wasser anbieten, Luft zufächeln, lauwarme Umschläge anlegen. Achtung: Kein kaltes Wasser über den Hund schütten, das verträgt sein Kreislauf nicht.
Behandlung: Haben die oben beschriebenen Mittel innerhalb kurzer Zeit nicht geholfen

oder wird der Hund bewusstlos, bringen Sie ihn sofort zum Tierarzt!

Scheinschwangerschaft
Symptome: Die Dackeldame verhält sich genauso wie eine Schwangere. Der Hormonhaushalt verändert sich, sie wird verschmuster und ist manchmal auch etwas launisch. Rückt der fiktive Geburtstermin näher, baut sie ein Nest und sammelt Spielzeuge und Plüschtiere und umsorgt sie genauso, als wären es echte Babys. Die Hündin bekommt sogar Milch.
Hausmittel: Alle Spielzeuge und Plüschtiere verstecken und die Hündin durch ausgiebige Spaziergänge und Spiele ablenken. Knapp füttern. Das Gesäuge kann man mit kühlenden Umschlägen oder Salben zum Abschwellen bringen. Auch homöopathische Mittel können helfen (fragen Sie Ihren Tierarzt). Achtung: Nicht an den Zitzen drücken oder die Hündin „melken", dass würde nur den Milchfluss weiter anregen.
Behandlung: Ist das Gesäuge hart, stark geschwollen oder entzündet oder tritt Fieber auf, sollten Sie die Patientin zum Tierarzt bringen.
Bemerkung: Die Scheinschwangerschaft ist eine alte Überlebenstaktik aus wölfischen Zeiten. Im Wolfsrudel hatten die Weibchen gleichzeitig die Hitze, doch nur der ranghöchsten Wölfin war es vergönnt, Nachwuchs zu bekommen. Die anderen Weibchen waren durch die Scheinträchtigkeit aber trotzdem in der Lage, sich um die Welpen zu kümmern und säugten sie wie ihre eigenen Babys. Da sich unsere Hündinnen aber nicht mehr um echten Nachwuchs kümmern können, bringt das enormen psychischen Stress mit sich.

Gebärmutterentzündung
Symptome: Die Hündin trinkt sehr viel und setzt auch viel Urin ab, besonders einige Wochen nach der Hitze oder einer Hormon-

behandlung. Der Allgemeinzustand ist sehr schwach und häufig treten auch Scheidenausfluss und hohes Fieber auf.
Ursache: Infektion der Gebärmutter. Besonders gefährdet sind ältere Hündinnen.
Behandlung: Die Patientin muss dem Tierarzt vorgestellt werden, meistens Entfernung der Eierstöcke und der Gebärmutter.

Teckellähme
Symptome: Der Dackel bewegt sich weniger, hat Schmerzen beim Springen oder bestimmten Bewegungen, Lähmungen treten auf, manchmal unkontrollierter Kot- oder Urinabgang.
Ursache: Extreme Belastung der Wirbel oder Zerfall der Knorpel, dadurch wird Druck auf die Nerven ausgeübt.
Hausmittel: Homöopathische Mittel können besonders helfen, wenn die Krankheit frühzeitig behandelt wird. Wenig Bewegung, kein Springen und Toben.
Behandlung: Den Hund bei den oben aufgeführten Symptomen dem Tierarzt vorstellen, damit eine Diagnose erstellt wird. Nicht jedes Hinken oder jede Lähmung bedeuten auch gleich Teckellähme. Hausmittel nur nach Absprache mit dem Arzt anwenden. Wird die Erkrankung frühzeitig behandelt, tritt meistens schnell Besserung ein, oft kann die Teckellähme sogar geheilt werden.
Bemerkung: Die Teckellähme ist keine spezielle Dackelkrankheit, sondern vielmehr ein grundsätzliches Problem vieler kurzbeiniger Hunde mit langem Rücken. Über die Teckellähme sind schon wahre Schauergeschichten verbreitet worden, die sogar so weit gehen, dass angeblich jeder Dackel früher oder später daran erkranken wird. Das ist schlichtweg falsch! Achten Sie darauf, sich einen Dachshund aus einer guten Zucht zu holen und ihn davor zu bewahren, viele Treppen zu laufen oder viel zu springen.

Verletzungen

Verkehrsunfall Sichern Sie als Erstes die Unfallstelle ab und binden Sie den verletzten Hund an, damit er nicht von Sinnen davonläuft und noch Schlimmeres passiert. Ist der Hund bewusstlos oder so schwer verletzt, dass er nicht laufen kann, sollten Sie ihn nur auf einem Brett oder einer Decke transportieren, die von zwei Personen an den Enden getragen wird.

Beißerei Sich beißende Hunde sollten immer nur von zwei Personen getrennt werden, sonst ist die Gefahr zu groß, dass Sie selbst etwas abbekommen oder der andere Hund sich in seiner Wut wieder auf den Kontrahenten stürzt. Dann die Hunde sofort anleinen! Auch wenn Sie keine Verletzung feststellen können, ist es immer sinnvoll, den Hund nach einer heftigen Beißerei dem Tierarzt vorzustellen.

Knochenbrüche Versuchen Sie nicht selbst, einen Bruch zu schienen. Bringen Sie den Verletzten lieber sofort zum Tierarzt und transportieren Sie ihn ausgesprochen vorsichtig – vor allem muss der verletzte Knochen gut gestützt werden.

Schnittwunden Die meisten Schnittwunden entstehen durch Tritte in Glasscherben. Ist die Wunde verschmutzt, müssen Sie sie mit lauwarmem Wasser abduschen. Erst dann umwickeln Sie die Pfote mit Mullbinden. Auf jeden Fall muss der Patient dem Tierarzt vorgestellt werden.

Erste Hilfe bei Verletzungen

Gerade wenn es darauf ankommt, stehen viele Hundebesitzer da und wissen nicht, wie sie ihrem Liebling helfen können. Erste Hilfe ist lebenswichtig und manchmal entscheiden Sekunden über Leben und Tod. Jeder Hundehalter sollte sich deswegen schon vor dem Notfall, der hoffentlich niemals eintritt, genau mit den Hilfemaßnahmen beschäftigen. Viele Hundevereine bieten auch Kurse zur ersten Hilfe bei Hunden an.

Nähern Sie sich einem verletzten Hund immer sehr vorsichtig und reden Sie beruhigend auf ihn ein. Auch der liebste Schoßhund kann in so einer Situation einmal zubeißen, beugen Sie sich darum auch mit Ihrem Gesicht nicht zu tief über den Dackel. Fassen Sie ihn lieber am Nacken und legen Sie ihm dann mit einem Tuch einen Maulkorb an. Die Atmung darf aber nicht behindert werden.

Der alte Dackel

Dackel sind eine sehr langlebige Rasse. Wenn kein Unfall oder eine schwere Erkrankung dazwischen kommt, kann man fünfzehn oder mehr Jahre Freude an seinem Racker haben. Der eine benimmt sich schon mit neun wie ein Senior, der andere scheint auch mit dreizehn Jahren sein Alter noch erfolgreich zu verdrängen.

Bedürfnisse

Einen alten Dackel dürfen Sie nicht mehr so beanspruchen, wie in der Blüte seines Lebens. Er mag sich nicht mehr so viel bewegen, deswegen sollten Sie auf lange Märsche verzichten. Auch das Futter muss dem Alter des Vierbeiners angepasst werden. Nun stehen leichte Kost und kleinere Portionen auf dem Speiseplan, die auf mehrere Mahlzeiten verteilt werden sollten. Sichern Sie dem betagten Hund ein Plätzchen an der Heizung, er braucht jetzt mehr Wärme. Vielleicht kann er auch sein Geschäft nicht mehr so lange halten wie früher oder muss nachts einmal raus. Strafen

In vielen Städten gibt es Tierfriedhöfe, wo man seinen geliebten Vierbeiner zur letzten Ruhe betten kann.

Sie ihn dann nicht, führen Sie ihn lieber häufiger am Tag aus. Bei einigen Greisen lassen auch Sehschärfe und Gehör nach, vielleicht werden sie dadurch etwas unsicherer und können sich nicht mehr so leicht auf neue Situationen einstellen. Das eine oder andere Wehwehchen kommt dazu, und vielleicht benimmt sich der betagte Dackel auch etwas eigen.

Abschied nehmen

Irgendwann kommt der Tag, an dem es heißt „Abschied nehmen". Vielleicht kündigte sich das schon lange vorher durch eine schwere Krankheit an oder der schmerzliche Moment kommt ganz unerwartet. Hat der Tierarzt eine unheilbare Erkrankung diagnostiziert und lebt der Dackel nur noch unter schlimmsten Schmerzen, sollten Sie in Erwägung ziehen, ihn von seinen Leiden zu erlösen. Die Tiermedizin ist im Stande, den Hund diesen Moment ohne Qualen erleben zu lassen.

Doch egal, ob Ihr Dackel zu Hause sanft entschlummert oder ob der Tierarzt die erlösende Spritze geben muss, eines sind Sie Ihrem treuen Gefährten schuldig: Ihn in diesem letzten Abschnitt zu begleiten. Es wird nicht einfach sein. Sprechen Sie sanft auf ihn ein, verabschieden Sie sich und halten Sie ihn in den Armen. Und nicht dieser Moment sollte Ihnen in Erinnerung bleiben – vergessen Sie nicht die vielen schönen Jahre, die Sie gemeinsam verbracht haben, die langen Spaziergänge, die wilden Spiele mit Ihrem Liebling, die Streiche, die er ausgeheckt hat und die Schmusestunden, in denen Sie besonders vertraut miteinander waren.

Die Weisheit steht der 15-jährigen Gina ins Gesicht geschrieben. Meistens besteht zwischen einem alten Dackel und seinem Menschen eine besondere Intimität. Beide verständigen sich ohne viele Worte zu machen.

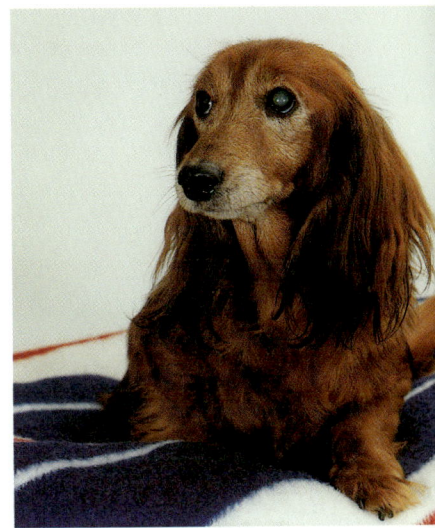

Die Autorin

Heike Schmidt-Röger ist als Heimtierautorin u. a. für die Zeitschrift „Das Tier" tätig und hat auch andere Heimtierratgeber dieser Reihe in enger Zusammenarbeit mit Haltern, Züchtern und Zuchtrichtern verfasst. Aufgewachsen in einer erfolgreichen Dackelzüchterfamilie, hat sie seit über 20 Jahren Erfahrung in der Haltung und Zucht der beliebten Vierbeiner und sich mit diesem Buch einen Herzenswunsch erfüllt.

Die Fotografin

Christine Steimer, selbst Dackelbesitzerin, hat sich auf das Fotografieren von Heim- und Haustieren spezialisiert. Sie arbeitet für internationale Buchverlage, Fachzeitschriften und Werbeagenturen.

Der Illustrator

Manfred Lindner hat sich nach seinem Design-Studium auf Naturillustrationen spezialisiert. Für unseren Verlag hat er bereits mehrere Reihen illustriert (www.lindillu.de).

Forum für Dackel

Literatur/Zeitschriften

B. Dobenecker/C. Thielen: Was Deinem Hund schmeckt, Naturbuch Verlag, Augsburg 1998

H. Jung: Hundekrankheiten von A–Z, Naturbuch Verlag, Augsburg 1998

E. Lind: Richtig spielen mit dem Hund, Naturbuch Verlag, Augsburg 1997

E. Lind: Hunde spielend motivieren, Naturbuch Verlag, Augsburg 1998

H. Räber: Enzyklopädie der Rassehunde I und II, Kosmos Verlag, Stuttgart 1993/1995

K. Schmidt-Duisberg (Herausgeber): Ein Blick zurück – 100 Jahre Deutscher Teckelklub, Deutscher Teckelklub e. V., Duisburg 1998

P. Stein: NaturheilPraxis Hunde, Gräfe und Unzer Verlag, München 1996

H. Weidt/D. Berlowitz: Spielend vom Welpen zum Hund, Naturbuch Verlag, Augsburg 1996

Der Dachshund, Zeitschrift des Deutschen Teckelklubs

Adressen

Deutscher Teckelklub 1888 e.V. (DTK), Postfach 100362, 47003 Duisburg, Tel. 02 03/33 00 05

Dackel Club Deutschland von 1986 e.V. (DCD), Donnerstraße 139, 45357 Essen, Dackel in Not des DCD: 02 01/66 81 51

Verband für das Deutsche Hundewesen e.V. (VDH), Westfalendamm 174, 44141 Dortmund, Tel. 02 31/56 50 00

Österreichischer Dachshundeklub, Beheimgasse 62, A-1170 Wien, Tel. 01/88 87 09 20

Schweizerische Kynologische Gesellschaft, Postfach 8217, CH-3001 Bern

Fédération Cynologique Internationale (FCI), 13 Place Albert I, B-6530 Thuin/Belgien

Dackel im Internet: http://www.teckelklub.de

Lassen Sie Ihren Dackel registrieren bei:

TASSO Haustier-Zentralregister für die BRD e.V., Postfach 1423, 65783 Hattersheim

IFTA Internationale Zentrale Tier-Registrierung, Weiherstraße 8, 88145 Hergatz

Widmung

Dieses Buch widme ich meinen Eltern, durch die ich die Gelegenheit hatte, mit Tieren und insbesondere Dackeln aufzuwachsen, und die mich in allen meinen Vorhaben unterstützt haben.

Hinweis

Die Informationen und Ratschläge der Autorin sind auf dem aktuellen wissenschaftlichen Stand und wurden mehrmals geprüft. Ständig neue Erkenntnisse über artgerechte Tierhaltung, Fütterung, Pflege und Tiermedizin sowie neue Gesetzgebungen fordern den Halter auf, die Aktualität der Angaben gegebenenfalls zu überprüfen. Die Ratschläge beziehen sich auf normal veranlagte und entwickelte Dackel. Die Autorin kann weder eine Garantie noch eine Haftung für Personen-, Sach- und Vermögensschäden übernehmen.

Danksagungen

Autorin und Verlag danken allen Dackelfreunden, die zum Gelingen dieses Buches beigetragen haben, insbesondere Alice Schmidt aus Driedorf, Martina Schneider aus Herborn, Züchterin, Zuchtrichterin und Vorsitzende der Gruppe Dillkreis des Deutschen Teckelklubs mit ihren Teckeln „vom Rehberg", Sabine Fehling aus Dillenburg, Züchterin und Zuchtwartin mit ihren Dackeln „von der Hachelbach" und den Mitgliedern der Gruppe Dillkreis des Deutschen Teckelklubs. Außerdem gilt der Dank der Tierärztin Cornelia Renczes aus Bad Nauheim für das Gegenlesen des medizinischen Teils und Dorothea Körber, Joachim Spahn und Stefan Röger für die tolle Unterstützung.

Die Fotografin und der Verlag danken den oben genannten und Familie Bernert aus Oberkleen mit ihren Dackeln „von Oberkleen", Marie-Ange Bourdie aus Büren mit ihren „Suddebok"-Dackeln, Christiane Naunheim aus Kirchen mit ihren Dackeln „vom Krummholz", Heidrun Odenweller aus Wehrheim mit ihren Dackeln „von der Taunushöhe", Reinhard Wörner aus Rosbach v.d.H. mit seinem Dackel „Castor von der Aschenhütte", Sabine Fehling, Alice Schmidt, Martina Schneider, da sie freundlicherweise ihre Hunde als „Modelle" zur Verfügung gestellt haben und der Teckelgruppe Friedberg-Bad Nauheim für die Unterstützung.

Impressum

Es ist nicht gestattet, Abbildungen dieses Buches zu scannen, in PCs oder auf CDs zu speichern oder in PCs/Computern zu verändern oder einzeln oder zusammen mit anderen Bildvorlagen zu manipulieren, es sei denn mit schriftlicher Genehmigung des Verlages.

Die Deutsche Bibliothek – CIP-Einheitsaufnahme

Dackel: Checkliste: Kauf beim Züchter; Extra: Rezepte für Hundecookies; Mit Lernspiel für Kinder / Heike Schmidt-Röger. (Ill.: Manfred Lindner). – München : Augustus Verlag, 2000
  ISBN 3-8043-7148-5

Augustus Verlag München 2000
© Weltbild Ratgeber Verlage GmbH
  & Co. KG
Alle Rechte vorbehalten
Fotos: Christine Steimer,
  Wölfersheim
Illustrationen: Manfred Lindner
Lektorat: Sibylle Kolb, Augustus
  Verlag
Layout und Satz: Uhl & Massopust,
  Aalen, nach einem Entwurf von
  Cosmas Fette, Offendorf, gesetzt
  aus der The Serif 9/13 Punkt
Reproduktion: Uhl & Massopust,
  Aalen
Umschlaggestaltung: Vera
  Faßbender, Augustus Verlag
Druck und Bindung: Offizin
  Andersen Nexö, Leipzig
Gedruckt auf umweltfreundlich
  chlorfrei gebleichtem Papier
Printed in Germany

ISBN 3-8043-7148-5

Register

Dackelspiel

Taktisches Würfel- und Lernspiel
für 2–4 Spieler ab 7 Jahren
Spielidee: Ingo Faustmann, Ravensburg
Fragen und Antworten: Heike Schmidt-Röger

SPIELZIEL ist es, bei Spielende die meisten Punkte zu haben!

SPIELVORBEREITUNG Zunächst trennt ihr den Spielplan vorsichtig aus dem Buch heraus. Nun braucht ihr noch Spielmaterial, das ihr aus einem anderen Spiel herausnehmen könnt: einen Würfel mit den Zahlen 1 bis 6, eine Spielfigur für jeden Mitspieler, 12 Chips (oder Münzen), ein Blatt Papier und einen Stift.

Neben den *Lauffeldern*, auf denen ihr eure Spielfigur bewegt, gibt es 15 *große Dackelfelder* mit bunten Abbildungen. Davon sind 12 *Fragefelder* (auf denen ihr euer Wissen testen könnt) und 3 *Chancenfelder*, auf denen ihr mit Glück zusätzlich Punkte machen könnt. Legt auf die 12 Fragefelder jeweils einen Chip – am besten so, dass der Text nicht abgedeckt wird.

JETZT GEHT'S LOS! Jeder sucht sich eine Spielfigur aus und stellt sie auf das farbgleiche Startfeld. Wählt einen Startspieler aus und gebt diesem Spieler den Würfel. Danach geht es dann immer im Uhrzeigersinn weiter. Der Startspieler notiert zusätzlich eure Punkte und bekommt deshalb Papier und Stift. Wer an der Reihe ist, würfelt und bewegt dann seine Spielfigur genau um die gewürfelte Augenzahl weiter. Man kann in jede beliebige Richtung gehen. Jedes Feld zählt einen Würfelpunkt. Endet euer Spielzug auf einem Feld, wo ein Mitspieler steht, habt ihr Pech. In diesem Fall müsst ihr in eine andere als die gewünschte Richtung ziehen.

DIE 15 DACKELFELDER Wer seinen Zug auf einem ➡ -Feld beendet, kann jetzt vielleicht einen Punkt machen. Der Pfeil zeigt dabei auf das Dackelfeld, um das es jetzt geht. Ist es ein Fragefeld, dann liest dein linker Nachbar jetzt die Frage vor und du musst die richtige Antwort geben. Diese ist unter der Nummer des Feldes auf der folgenden Seite abgedruckt.

Stimmt die Antwort, wird dir ein Punkt gutgeschrieben und der Chip abgeräumt, ansonsten hast du Pech und beendest den Zug ohne Punktgewinn. Das Spiel endet, wenn der letzte der 12 Chips abgeräumt und damit alle Fragen einmal gestellt und beantwortet wurden. Ist es ein *Chancenfeld*, so kannst du Glück haben, einen Punkt einfach so zu bekommen: Wenn du jetzt eine der Zahlen würfelst, die auf dem Feld abgedruckt sind, dann erhältst du einen Punkt, ohne dass du etwas dafür tun musst.

WICHTIG Auf den Chancenfeldern kann jeder, wenn er darauf kommt, immer wieder sein Glück versuchen. Der Startspieler, der für euch die Punkte aufschreibt, muss aber wegen der Endabrechnung darauf achten, dass er für jeden Mitspieler die Punkte aus den Fragefeldern und aus den Chancenfeldern extra notiert!

DIE ABRECHNUNG Jetzt wird's spannend.
- Jeder Punkt auf Grund einer richtig beantworteten Frage eines Fragefelds zählt ganz normal.
- Jeder Punkt auf Grund eines richtigen Tipps auf einem Chancenfeld zählt auch als ein Punkt – mit der einzigen Ausnahme, dass man auf diese Weise nicht mehr Punkte zusätzlich machen kann als mit richtig beantworteten Fragen.

Ein Beispiel: Nadja hat bei Spielende 3 Punkte aus den Fragefeldern und 4 Punkte aus den Chancenfeldern. Das ergibt, dass man bei Spielende nicht mehr Punkte für die Chancen dazuzählen darf als man Fragen richtig beantwortet hat: 3 Punkte (Fragefelder) + 3 Punkte (Chancenfelder – ein Punkt verfällt) = 6 Punkte insgesamt.

SIEGER IST, WER DIE MEISTEN PUNKTE HAT. VIEL SPASS!

Antworten zum Dackelspiel

1. Dackelkauf Dackel kann man bei einem Züchter kaufen. Dort bekommst du auch Welpen. Manchmal werden welche im Tierheim abgegeben, die sich dann über einen neuen Platz freuen, und in der Zeitung stehen oft Dackel im Kleinanzeigenteil. Doch ohne die Erlaubnis deiner Eltern kannst du keinen Hund holen.

2. Ausstattung Dein Dackel braucht ein Körbchen oder eine weiche Decke, eine Leine, ein Halsband, einen Futter- und einen Wassernapf und ein Spielzeug.

3. Erziehung Dann musst du deinen Dackel sehr loben. Das freut ihn und er hat Spaß am Lernen.

4. Familienzuwachs Dackel sind Jagdhunde und könnten dein Kaninchen oder dein Meerschweinchen mit einer Beute verwechseln. Deswegen musst du gut aufpassen, wenn die kleinen Tiere frei laufen und darfst sie nie alleine mit deinem Dackel lassen.

5. Ernährung Essen vom Tisch ist für Hunde ungesund. Es ist zu stark gewürzt und zu fett. Davon kann dein Dackel genauso krank werden wie von Süßigkeiten. Normales Hundefutter enthält alles, was dein Dackel braucht.

6. Wissen Dackel wurden für die Jagd gezüchtet und helfen auch heute oft noch den Jägern. Sie gehen

in die Bauten von Dachsen, Füchsen und Kaninchen. Damit sie da rein passen, brauchen sie kurze Beine und müssen auch sehr klein sein.

7. Bewegung Wenn ein Dackel jeden Tag viele Treppen laufen muss, kann das seinem Rücken schaden. Er kann sehr krank werden und die so genannte Teckellähme bekommen.

8. Verhalten Dann hat dein Dackel Angst.

9. Sinnesleistungen Dackel haben eine ganz tolle Nase, mit der sie Fährten von Tieren verfolgen können. Vielleicht hast du schon mal beobachtet, dass dein Dackel beim Spaziergang immer am Boden schnüffelt. Er liest dann in der „Hundezeitung", was es in der Nachbarschaft so Neues gibt.

10. Alter Dackel werden durchschnittlich zwölf oder dreizehn Jahre alt. Doch es hat auch schon Dackel gegeben, die achtzehn Jahre alt geworden sind.

11. Beschäftigung Spazieren gehen macht Spaß, mit anderen Hunden oder einem Ball spielen Dackel gerne, und sie haben Freude, wenn sie an einem Kauknochen kauen. Lernen ist toll, wenn viel gelobt wird.

12. Arten Die verschiedenen Haararten nennt man Kurzhaar, Rauhaar und Langhaar. Dackel in den unterschiedlichen Größen heißen Standard-, Zwerg- und Kaninchendackel.